中國傳統文化經典庫

兵家文化

张海霞／闫燕秋◎编著

时 事 出 版 社

前　言

兵家文化是中国传统文化的重要组成部分，是先秦诸子百家中颇为重要的一派，是传统智慧之园中的一朵奇葩。兵家是指我国古代研究军事理论、从事军事活动的学派和人物。它诞生于战乱不断的春秋战国时期，其代表人物是孙武、孙膑。兵家文化是兵家学派思想和主张的汇总。

早在秦汉时期，我国的兵家就已形成了群星荟萃的局面：春秋末年有孙武、司马穰苴；战国时期有孙膑、吴起、尉缭、赵奢、白起；汉初有张良、韩信。此后，我国的军事家和军事理论家更是层出不穷，星汉灿烂。

我国古代的兵书也很多：汉初张良、韩信奉命整理兵书，共得182家；东汉《汉书·艺文志》中著录有53家、790篇；唐代官修《隋书·经籍志》著录有133部、512卷；

宋代的《新唐书·艺文志》著录60部、319卷；宋明以降，有增无已。如果非要把握一个总体状况，近代陆达节曾汇编《历代兵书目录》，共著录兵书1304部，其中存世者288部。这是一个不尽齐备的兵书目录，但尽管如此，中国兵书之庞博浩繁可以概见。特别值得提出的是，宋神宗元丰年间汇辑、颁行的《武经七书》，精选了当时武学（军校）必读的七部兵书，包括《孙子》、《司马法》、《尉缭子》、《六韬》、《吴子》、《三略》和《唐李问对》。南宋时，高宗曾钦定《武经七书》为遴选将才考试的主要内容。可以说，这部兵书基本上囊括了北宋以前我国古代兵家著作的精品，是我国冷兵器时代战争指挥艺术和军事哲学思想的结晶。

当然，在我国古代，言兵者不止于兵书。在诸子百家、历史典籍中都有不少论兵的文献。如：道家名著《老子》历来也被视为兵书，法家名著《商君书》中有《战法》、《兵守》二篇专门谈兵的作品，先秦诸子的集大成者《荀子》中有专题讨论军事的《议兵》篇，南北朝颜之推的《颜氏家训》中也有《诫兵》一篇垂世。至于历史著作中描述战争、指陈战略、议论兵机的内容更是不胜枚举。总之，兵家的思想资料是非常丰富的，古人所说的“其为书，处则充栋宇，出则汗牛马”，亦不足以形容其内容之博、其数量之多。

中国传统文化历史悠久、博大精深，兵家文化作为其中的一份子有着极其宝贵的文化价值：

首先，兵家文化是谋略文化。一般认为，中国文化以儒家文化和道家文化为主干，治世用儒，乱世用道，儒家文化与道家文化交互作用。但是，无论是治世，还是乱世，兵家文化都在起作用，贯穿于整个中国历史，在中国文化生态中发挥着重要的作用。中国传统文化有“重道轻器”的特点，兵家文化也没能摆脱这一规律。兵家多注重思想的表述，而较少注重科技的运用；多注重以谋取胜，而较少注重以技术取胜。因此兵家文化的主要特质就是“谋略”。兵家在谋略上的共同特点是强调审时、度势、料敌、示形、用奇、攻心、用间、贵柔等权谋的运用，强调以少胜多，以弱胜强，以奇用兵，以巧取胜。因此，兵家文化是除儒家文化、道家文化之外最具影响力和渗透力的传统文化，是中国谋略文化的渊源。

其次，兵家文化是哲学文化。中国古代兵书中提出的极其丰富的矛盾对立范畴，如敌我、众寡、主客、攻守、强弱、进退、奇正、虚实、勇怯等等，促进了人们对事物矛盾本质的认识，推动了古代唯物主义和辩证法的发展。特别是《孙子兵法》，开创了中国古代辩证思维的优良传统。所以说，兵家文化已经上升到哲学思辨的高度，它不仅仅是一种学说和思想，更是一种方法论，是中国古代最具哲学价值的文化之一。

再次，兵家文化是历史文化。兵家文化中所包含的兵器、旗鼓、服饰，军制、阵法、战法等等都是古代一定时期所特有的文化现象，是那个时代人民创造和智慧的结晶。其实用性虽然随着时代的进步已经淡化，但仍然是我们研究历史文化不可或缺的内容和重要参考资料。

历史的巨轮驶入21世纪，今日中国与古代中国相比发生了巨大变化，但兵家文化依然有着极为珍贵的参考价值：一方面是它的军事价值。兵家文化是先人智慧的凝结，是以鲜血和生命换来的经验结晶。随着时代的推移，其中有些战略思想和战术原则已经过时，但是古代兵家所揭示的某些战争规律、战争指导原则、军事指挥艺术，至今仍具有真理性的光辉。另一方面它有着很强的管理价值。中国古代兵家重视信息、注重调查的思想，权衡利害、决定对策的思想，上下协同、知人善任的思想，法从自然、天人合一的思想等等都是现代企业成功管理的不二法宝。

当然，兵家文化之所以取得如此成就，还在于其采集了百家之长，兼收并蓄了中国古代的优秀思想，有着非常深厚的传统文化底蕴。因而要想从更深层面上掌握兵家文化思想，仅仅阅读兵法原文是不够的，还应该把其中精彩、经典的部分筛选出来，以便指导工作和生活。

基于此，本书所选内容涵盖了兵家文化的方方面面，集知识性、思想性、应用性于一体，希望可以帮助读者全面理解和掌握中国兵家文化，从中撷取智慧的浪花，从而使自己的人生之路走得更加充实和有益。

编者

2014 年 8 月于北京

目　录

第一章　兵家文化的历史沿革 …………………………（1）

1. 兵家文化的发端 …………………………（1）
2. 兵家产生的时代背景 …………………………（2）
3. 兵家产生的阶层基础 …………………………（4）
4. 兵家产生的理论背景 …………………………（5）
5. 兵家的发源地 …………………………（6）
6. 兵家的始祖 …………………………（7）
7. 战国时期的兵家特征 …………………………（9）
8. 秦汉时期的兵家思想 …………………………（10）
9. 西汉时期的兵书整理 …………………………（13）
10. 三国时期的兵家韬略之学 …………………………（14）
11. 魏晋南北朝的兵法注解 …………………………（17）
12. 隋唐兵家战略思想的发展 …………………………（18）

13. 两宋时期兵学的复兴 …………………………………（21）
14. 元代时期的兵家概况 …………………………………（23）
15. 明代兵家与儒家的融合 ………………………………（24）
16. 明末清初的兵家文化飞跃 ……………………………（25）
17. 清末期兵家的转变 ……………………………………（29）
18. 民国时期的兵家特点 …………………………………（30）
19. 新中国成立后的兵家文化发展 ………………………（32）
20. 改革开放后兵家文化新气象 …………………………（33）

第二章　兵家的主要派别 ……………………………（35）
1. 齐系和魏系 ……………………………………………（35）
2. 正兵家与政兵家 ………………………………………（37）
3. 兵权谋家 ………………………………………………（38）
4. 兵形势家 ………………………………………………（39）
5. 兵阴阳家 ………………………………………………（39）
6. 兵技巧家 ………………………………………………（40）
7. 司马派兵家 ……………………………………………（41）
8. 孙氏派兵家 ……………………………………………（41）
9. 吴氏派兵家 ……………………………………………（42）
10. 太公派兵家 ……………………………………………（43）
11. 稷下派兵家 ……………………………………………（43）

第三章　兵家的代表人物和著作 ……………………（45）
1. 管仲与《管子》 ………………………………………（45）
2. 晏婴与《晏子春秋》 …………………………………（47）

3. 阖闾 …………………………………………………………（48）
4. 伍子胥 ………………………………………………………（50）
5. 孙武与《孙子兵法》 ………………………………………（52）
6. 范蠡 …………………………………………………………（54）
7. 司马穰苴与《司马法》 ……………………………………（55）
8. 吴起与《吴子兵法》 ………………………………………（57）
9. 孙膑与《孙膑兵法》 ………………………………………（64）
10. 商鞅与《商君书》 ………………………………………（70）
11. 尉缭与《尉缭子》 ………………………………………（71）
12. 赵武灵王 …………………………………………………（75）
13. 姜太公与《六韬》 ………………………………………（76）
14. 王翦 ………………………………………………………（77）
15. 张良与《三略》 …………………………………………（78）
16. 韩信 ………………………………………………………（79）
17. 周亚夫 ……………………………………………………（80）
18. 卫青 ………………………………………………………（81）
19. 霍去病 ……………………………………………………（82）
20. 王符与《潜夫论》 ………………………………………（82）
21. 曹操 ………………………………………………………（83）
22. 诸葛亮与《便宜十六策》 ………………………………（84）
23. 李世民、李靖与《唐太宗李卫公问对》 ………………（86）
24. 李筌与《太白阴经》 ……………………………………（88）
25. 郭子仪 ……………………………………………………（89）
26. 李光弼 ……………………………………………………（90）

27. 陈规与《守城录》 …………………………………………… (91)
28. 岳飞 ………………………………………………………… (92)
29. 成吉思汗 …………………………………………………… (94)
30. 刘基与《百战奇略》 …………………………………………… (95)
31. 俞大猷与《正气堂集》 ……………………………………… (96)
32. 戚继光与《纪效新书》、《练兵实纪》 ……………………… (97)
33. 郑若曾与《筹海图编》 ……………………………………… (99)
34. 揭暄与《兵经百言》 ………………………………………… (100)
35. 努尔哈赤 …………………………………………………… (102)
36. 蔡锷与《曾胡治兵语录》 …………………………………… (103)

第四章 兵家的战争观 ………………………………………… (105)
1. 兵者，国之大事 ……………………………………………… (105)
2. 天下虽安，忘战必危 ………………………………………… (106)
3. 兵不血刃而天下亲 …………………………………………… (107)
4. 以战止战，虽战可也 ………………………………………… (108)
5. 行不合道，患必及之 ………………………………………… (109)
6. 主不可以怒而兴师，将不可以愠而致战 …………………… (110)
7. 师直为壮，曲为老 …………………………………………… (110)
8. 甲兵之本，必先于田宅 ……………………………………… (111)

第五章 兵家的战略原则 ……………………………………… (113)
1. 上兵伐谋，先计后战 ………………………………………… (113)
2. 谋大局，定大略 ……………………………………………… (114)
3. 知己知彼，料敌定谋 ………………………………………… (115)

4. 伐交结盟，强己弱敌 ……………………………………（116）
5. 五间俱起，必成大功 ……………………………………（116）
6. 不战而屈人之兵，善之善者也 …………………………（117）
7. 先胜而后求战 ……………………………………………（118）
8. 致人而不致于人 …………………………………………（119）
9. 兵贵胜，不贵久 …………………………………………（122）
10. 持久以待其衰 ……………………………………………（123）
11. 攻是守之机，守是攻之策…………………………………（125）
12. 兵胜在气胜 ………………………………………………（126）

第六章　兵家的战术原则 ……………………………………（127）
1. 示形诱敌，兵不厌诈 ……………………………………（127）
2. 阵而后战，兵法之常 ……………………………………（129）
3. 奇正相生，以奇制胜 ……………………………………（131）
4. 避实击虚，因敌制胜 ……………………………………（133）
5. 以迂为直，出其不意 ……………………………………（134）
6. 专我分敌，以众击寡 ……………………………………（136）
7. 选择地形，因地制胜 ……………………………………（137）

第七章　兵家的治军思想 ……………………………………（140）
1. 争天下者，必先争人 ……………………………………（140）
2. 择将之道，唯审其才 ……………………………………（141）
3. 用人之道，全在于信 ……………………………………（143）
4. 总文武者，军之将也 ……………………………………（144）
5. 将有五危，必死可杀 ……………………………………（146）

6. 明法审令，以治为胜 ……………………………… (147)
7. 令之以文，齐之以武 ……………………………… (148)
8. 教以礼义，明以廉耻 ……………………………… (149)
9. 严格训练，讲究方法 ……………………………… (150)
10. 使忿怒而后出战 ………………………………… (154)
11. 谨养勿劳，并力积气 …………………………… (155)

第八章　兵家的法治思想 ………………………… (156)
1. 兵家法治思想的认识基础 ………………………… (156)
2. 兵家法治思想的演变 ……………………………… (158)
3. 兵家的法治观 ……………………………………… (159)
4. 兵家的法治论 ……………………………………… (160)
5. 兵家的法治术 ……………………………………… (162)
6. 兵家与儒家的法治思想关系 ……………………… (163)
7. 兵家与法家的法治思想关系 ……………………… (164)

第九章　兵家文化与传统文化 …………………… (166)
1. 兵家文化与儒家文化 ……………………………… (166)
2. 兵家文化与道家文化 ……………………………… (168)
3. 兵家文化与法家文化 ……………………………… (170)
4. 兵家文化与墨家文化 ……………………………… (171)
5. 兵家文化与阴阳家文化 …………………………… (173)

第十章　兵家文化与人文精神 …………………… (176)
1. 兵家思想中的人文精神 …………………………… (176)

2. 天、地、人的和谐统一 …………………………………… (179)
3. 对生命价值的尊重 ………………………………………… (181)
4. 诡诈与仁义的有机统一 …………………………………… (183)
5. 重天道，更重人道 ………………………………………… (186)
6. 天下非一人之天下 ………………………………………… (187)

第十一章　兵家文化与当代应用 ……………………………… (190)
1. 兵家文化是中国军事科学的源头 ………………………… (190)
2. 兵家思想与企业经营管理 ………………………………… (191)
3. 兵家文化与国民素质 ……………………………………… (194)
4. 兵家文化与养生之道 ……………………………………… (196)
5. 兵家文化在世界范围的应用 ……………………………… (198)

第十二章　认知中国兵家思想 ………………………………… (199)
1. 中国兵家思想的分期 ……………………………………… (199)
2. 中国兵家思想的特点 ……………………………………… (202)
3. 研究中国兵家思想的意义 ………………………………… (204)
4. 研究中国兵家思想的方法及要求 ………………………… (207)

第一章

兵家文化的历史沿革

兵家者，盖出古司马之职，王官之武备也。

——班固《后汉书》

1. 兵家文化的发端

战争的产生和人类的出现几乎是同步的。春秋战国时期，周王室式微，一些大的诸侯国为了争当霸主，通过政治、外交特别是军事的手段威压、控制甚至吞并弱小国家，导致战争连年不断，烽烟不熄。据不完全统计，这一时期大小战争共有600余次，仅《左传》中记述的各国军事行动和战事就有483次之多。到了战国时期，战争愈演愈烈，诸侯大国开始不满足于只做一方霸主，而要取周天子以代之，建立集权制的封建统一国家。由于各个诸侯大国势均力敌，因此这一时期战争的规模和残酷程度都超过以往任何时候。

春秋之前，无论是三皇五帝时代，还是夏、商、周时期，都没有专职的将帅，军事家往往是由政治家兼任的，正所谓“出将入相”（出征可为将帅，入朝可为宰相。指人德才兼备，担任文武要职）。随着社会的发展、生产力的提高、武器装备的更新，以及军事制度的变革，战争与社会、政治、经济的关系也变得复杂起来，这便要求具有专门智慧与素质的人员来指挥战争，军事与政治一身二任的职权逐步分离，军事家亦随之产生。这促使了兵学的形成，并使其逐渐发展壮大形成包含着丰富思想内容的学术流派——兵家。

兵家的主要思想和理论来自于丰富的战争经验。夏商以前，战争经验主要以口耳相传的方式流传于世。到了春秋战国时期，频繁战争后产生的经验教训，经过具有高超智慧的兵家的提炼与升华，上升为战争思想与理论，并运用于战争实践。在这一漫长的历史进程中，逐渐产生了兵家文化。

2. 兵家产生的时代背景

任何一种思想、流派都有它得以产生的背景和赖以生长的土壤，兵家也是如此。社会急剧动荡的春秋战国时期是兵家产生的时代背景。

中国奴隶制社会在经历了夏、商的发展，迄至西周，达到了鼎盛。但随着社会经济的发展，奴隶制生产关系越来越阻碍和束缚生产力的发展，奴隶反抗奴隶主、平民反抗贵族的斗争渐趋强烈，奴隶主贵族不得不改变剥削方式，封建制经济的萌芽由此孕育。当时诸侯国林立，各国所占的自然资源种类和数量非常有限，为了共同发展，他们在经济上不得不互相依赖、互通有无。但为了谋求更大的利益发展空间，各诸侯国开始用兼并他国的方式来扩大自己的势力范围，谋求政治上的一体化。由此，便迎来了社会大动荡、大变革、大发展的时期——春秋战国时期。

（1）周天子式微，诸侯强大

春秋战国时期，各诸侯大国或挟天子以令诸侯，或把周天子弃置一边，周王朝名存实亡。以致后来，在诸侯国内部，卿大夫专政，与王室争权夺霸，分割地盘。周天子与诸侯的关系如此，平民与士人的处境就更为悲惨。因此，逃亡、暴动是人民进行反抗的主要形式。奴隶主政权逐渐让位给新兴的封建地主阶级，社会制度、阶级结构在激烈的斗争中发生着巨大的变化。

（2）变法改革，新旧嬗变

春秋时期，奴隶主贵族实现了土地私有的目的，出现了占有并出租土地的地主与租种土地的农民两大新兴阶级。这种生产关系的出现刺激了社会生产积极性，推动了社会生产力的发展和进步。到了战国时期，随着封建生产关系的逐步确立，新兴地主阶级开始处于优势地位，他们在各诸侯国纷纷实施变法来获取统治地位。这一时期变法的主要内容为：在经济上，废除井田制，代之以田亩制和地税制；在政治上，采取废除世卿世禄制、奖励耕战、重用贤能等措施，使一大批士人凭着才学或战功封官进爵，为新兴封建统治阶级效力。

（3）经济发展，城邑兴起

春秋后期，由于冶铁技术的发明和铁矿的开采，生产力得到空前发展。战国中期，铁制工具广泛应用于农业和手工业。这不仅扩大了农耕面积，还有利于精耕细作，提高了生产效率和经济效益。随着农业和手工业的发展，物产变得丰富起来，商品交换渐趋活跃，这也加速了城市规模的扩张，为兵家的产生奠定了良好的社会基础。

3. 兵家产生的阶层基础

兵家的产生与士阶层有很大关系。

西周时期，实行分封制和宗法制。周天子把国家划分为若干小国，指派同宗子弟或异姓功臣去管理。而这种分封制度是通过宗法制度来保证的。宗法制的核心内容就是嫡长子继位与祭祀制度。封土地、建诸侯的封建制度，牺牲了庶出子弟的权势地位，但是保证了王权的延续和传承，有效地维护了国家的统一。

周代的士阶层主要从王室子孙中分化出来，有一定数量的良田，受过良好的教育，能文能武。到了春秋时期，随着分封制的日渐瓦解和世卿世禄制的解体，大批贵族失去了原来的地位和职守，也沦落为士。他们凭借自己掌握的“六艺”（礼、乐、射、御、书、数）知识和技能，或讲学授徒，或从事祭礼，或谋求官职。到了春秋末期，教育不再局限于贵族官僚子弟范围，平民子弟也有机会接受教育，于是又从受私学教育的平民中产生了一批新的士。战国时期，随着地主阶级政权的逐步确立，还有一部分士从地主阶级的中下层分化出来。再到后来，士的来源和品级就更加多样和复杂，有所谓的辩士、侠士、隐士、义士，甚至有的鸡鸣狗盗之徒也能称为士。但不管士的成分和品级如何，他们都有一个共同的特征，就是企图通过自己的聪明才智和能力跻身于上层社会，谋求功名利禄。

地主阶级在争夺政权和建立封建制度的过程中也需要大量的人才为他们出谋划策。于是，一些开明的君主或有权势的卿大夫广开求士之路，重用有思想有才能的士，授予他们一定的官职，礼敬尊崇他们。这些士人或提出建议，充当幕僚；或奔走游说，治理外交；或著书立说，制造舆论；或经办事务，参与时政等等。他们活跃在政治与思想学术的中间地带，是当时社会各阶层中最有思想、最有才华的一个群体。他们中间便产生了最早的兵家。

4. 兵家产生的理论背景

原始的兵学文献是兵学的理论来源。自从有了战争，就有了关于战争的观点、看法、认识，然后经过文字表述，著于甲骨、金属器物、简牍、锦帛等上面，就成了早期的兵学文献。我们现在能看到的有关战争记载最早的文献是商代甲骨文，在甲骨文材料中，记载了商国与诸方国之间追击、袭扰、用间的事件。周代的金鼎文中也有关于战争的片段性记录。这些材料反映了上古军事思想的萌芽。但这只是对战事的记述，还不是专门的军事著作。最早的军事著作要数西周时期的《军志》、《军政》，但这两部著作都已经失佚。西周典籍《易经》、《尚书》虽都不是专门的军事著作，但是在这些典籍中仍可以窥见西周时期的军事思想。《尚书》是中国上古时代的历史典籍，保存了上古特别是西周时期的军事史料，是研究西周时期军事思想的重要文献。在《尚书》中，有几篇著名的誓文，这些誓文是当时的“战争动员令”，反映了夏、商、周时期敬天保民的军事思想。《易经》中也蕴含了丰富的军事思想，其中有不少卦爻是在谈论军事，而《师》卦又是六十四卦中专门言兵的一卦。可以说，在现存西周典籍当中，《易经》对先秦兵家的影响最大。

5. 兵家的发源地

兵家作为具有完整理论体系的思想学术流派，正式形成于春秋末期的齐地。

齐地是古东夷人世居之地，自古有尚武传统。文献资料记载与描述的夷人或齐人最重要的性格特征就是勇猛好斗，这也正是兵家所尊崇的重要品德与精神，因此成为孕育兵家的重要因素。

古兵器是兵学文化的重要载体，而齐地恰是其主要发源地。

兵器最早是古人在生产实践、军事实践中创造发明的。夏朝时期主要是木石兵器，商朝、西周时期主要是青铜兵器，到了春秋时期，铁兵器出现并投入使用。而在齐地，铁兵器铸造业非常发达。

齐地具有深厚的兵学文化传统，齐国开国君王姜太公是一位杰出的军事家。齐景公时期的司马穰苴也是一位大军事家，他能够创造性地运用古兵法，汉代窦婴赞扬他“文能附众，武能威敌”，而齐威王在用兵上，也效仿了他的兵法。

齐人还有因地制宜、变革创新的精神。齐国最初只是一个方圆百里的小国，姜太公来到后实行改革，简化束缚人的礼制，解放思想，发展工商业。齐国经济的发达带来了思想的活跃，使不同的思想观点能够兼容并蓄，这也是战国时期稷下学宫兴起于齐地的重要原因。

春秋末期，孙武受齐地武学文化精神的培育和熏陶，继承了春秋以前的军事文化成就，特别是姜太公的“兵权与奇技”思想，孕育和创造出千古兵学奇著《孙子兵法》，构建了完整的兵学理论体系，兵家由此在中国历史上崛起。

6. 兵家的始祖

武王伐纣有两位重要助手，一位是姜太公，另一位是周公。周朝建立后，姜太公封于齐，周公封于鲁，并各传其所学。姜太公之学以军事战略为主，周公之学以国家战略为主。以兵学为主轴的齐学自姜太公之后，经由后人的继承，成为中国古代战略思想的主流。因此，姜太公被称之为兵家文化始祖。

姜太公，姓姜，名尚，字子牙。姜太公的先祖曾封于吕，故以吕为氏，又称“吕尚”。他是我国商周时期杰出的政治家、军事家，史称其“佐天子为圣臣，治邦国为圣君”，为西周王朝的建立和巩固立下了汗马功劳。

姜太公的治国才能主要是在齐国得以成就和施展的。他在治理国家过程中表现出了顺民富民、尊贤尚功、重视赏罚法纪的政治思想和政治谋略，强调顺应民俗民意的治齐策略，后逐渐形成了一种对不同风俗习惯和文化传统保有宽容态度的思想传统。姜太公“尊贤尚功”的思想直接开创了齐国推崇实利和功效的社会风气和积极进取的社会氛围。他的军事思想是在辅周灭商的战争实践中发展和成熟起来的，包含了博大丰富的内容。

姜太公视兵“为凶器”，认为战争是剥夺人民生命、破坏人民财产的凶恶之物，只有在万不得已的情况下才可以动用。这是一种进步的战争观，与他治国思想上的“爱民”观可以说是一脉相通。正是基于这样的思想，他才会辅佐周武王发动了伐纣灭商的正义战争。

战争行为是崇尚诡诈和谋略的，应该运用灵活的战略战术，因此在用兵之道上，姜太公极重谋略，追求不战而胜的至高境界。他非常推崇“文伐”，即以非军事手段分化和瓦解敌人。这可以说是其用兵之道中的精华。

此外，在战争中，姜太公非常重视军事将领的作用，认为身为将领，应该注意树立威信，以身作则，爱护士兵。将领还要重视人民的力量，因为士兵来源于人民，而人民群众甚至是农耕器具都可以在战争中发挥巨大作用。这应该是最早的关于兵农合一、寓兵于民的军事思想。

姜太公的政治、军事思想，内容丰富，涉及面广，始终贯穿着通权达变、务实尚用、文治武功、惠及后世的精神主线。他作为一位杰出的政治家和军事家，不仅开创了独具特色的兵学传统，并且对兵家文化产生了深远的影响。

7. 战国时期的兵家特征

战国前期，各国封建制度逐步确立，凭着军功和才学进入上层社会的人越来越多，地主阶级逐步掌握了国家的主导权，人们的思想与春秋时期相比得到进一步的解放。齐威王、宣王时，稷下学宫处于鼎盛时期，许多学派的学者聚集于此，对国家政治、经济、军事、文化问题展开讨论，互相辩难。兵家也不例外，他们有的主张以政教强兵，有的主张以静强兵……虽主张各不相同，但都积极地为各自所在国国君建言献策。可见，战国前期的兵家作为诸子百家之一，是非常活跃的一个学派，它参与了百家争鸣，吸收了其他各家的有益成分，反映了当时诸大国兼并战争的特点与规律，丰富和发展了兵家思想。

战国后期是兵家的集大成期。这一时期封建制度已经普遍确立，地主阶级取得了政权，战争样式有了变化，战争规模扩大，战争次数增多，惨烈程度更高。战国后期的战争主要是带有统一性质的战争，目的是扫除所有敌对国家。经过长时间的争霸与兼并，秦国成为这一时期最强大的国家，其军事力量和综合国力都处于绝对优势地位。反映在兵家理论上，就是对春秋战国时期的诸子思想特别是兵家思想进行总结与集成的代表著作《六韬》。

8. 秦汉时期的兵家思想

秦汉时期是中国封建社会发展的上升阶段。这期间虽然也有短暂的分裂，但总的趋势是统一与发展。

秦国经过十年的统一战争，先后兼并六国，结束了历史上的长期割裂局面，第一次建立起中央集权的封建国家，标志着中国封建社会进入了一个新的历史阶段。秦始皇在政治、经济、军事、文化等方面采取了一系列巩固统一的措施，为中国的封建集权制奠定了基础。

西汉王朝建立后，因袭秦朝的政治制度，加强中央集权，巩固国家统一，扶持地主经济，为重建和稳定统治做了很多努力。这一时期在军事上也进入了开疆拓土的鼎盛时期，兵家文化得到了极大的发展。

（1）军事概况

秦汉时期战争类型有争夺中央统治权的统一战争，中央政权与地方政权间的战争，还有农民起义战争等。

这一时期社会和经济的繁荣，促进了军事技术的极大进步，武器装备有了较大提高。此时逐渐淘汰了铜兵器，进入了以铁兵器为主的时代。此时骑兵装备有了很大改进，据考古学家发现，“马鞍”就是从西汉开始出现的。此时的兵器除手臂操持的臂张弩外，战国末期还尚未普及的蹶张弩（以足踏装弦）在军中已普遍使用，张力达180多公斤，射程远者可达1000多步，并普遍使用钢铁箭镞。此外，军事交通、运输、工程设施得以进一步发展。汉代的“楼船”高达十余丈，是当时的“航空母舰”。从秦始皇开始，朝廷广修驰道和驿道，以及防御之需的长城。

秦汉时期军事制度建设上的发展变化也是比较突出的：一是军事体制较为科学，既有京师兵，又有郡县地方兵、边戍兵；二是兵种齐全，建有轻车（车兵）、骑士（骑兵）、楼船（水师）、材官（步兵）四个兵种；三是兵役上以征兵制为主，兼有谪兵（发配充军），并逐渐向募兵制演变。征兵和谪兵使兵源有了保证，但强制性较大，战斗力受到影响，因此后期已向募兵制演变。

（2）军事思想

秦汉时期仍处于冷兵器时代。这时的军事思想是对春秋战国时期军事思想的全面继承，并结合时代特点有了丰富和发展。

战略思想日臻成熟

春秋战国时期已经提出了若干战略思想，成为战争指导的理论基础。例如：从秦统一六国的战争开始，已经提出了“远交近攻，各个击破”的明确指导方针。楚汉战争中，萧何向刘邦提出了重视基地建设的思想。刘邦采纳了他的建议，认真经营四川、陕西一代，为日后打下了牢固的基础。西汉反击匈奴的战争，从其实施过程看，也是一个有步骤的宏观大略。这些战略计划的制定实施，说明秦汉时期不仅继承了历史的战略思想，而且在运用上更加广泛和成功。

防御思想更加完善

早在春秋时期，诸侯争霸，互相兼并，为了保家卫国，各诸侯国纷纷因河筑堤，沿山设障。战国时期还兴筑边墙，派兵驻守，尤其是燕、赵、秦等国，为了防御匈奴、东胡等侵扰袭掠，分别修筑了长城。统一的中央封建政权建立后，秦朝的边疆安全任务更加突出，形成固边与睦邻并用的防御思想。

秦朝为了打击匈奴势力，保障北方人民的生命财产和当地的农业生产、生活秩序，大规模修筑长城，把从前的秦国、赵国、燕国的长城连结起来，有效地保卫了国家的安全。西汉在建国之后，为抵御外族侵扰，进行了积极的战略准备。到汉武帝时，随着社会经济的发展、封建统治的巩固，形成了一支精锐的骑兵部队，开始了大规模的军事反击，经河南、河西和漠北三大战役，深入沙漠草原地区，歼敌十万余，迫使匈奴很长时间内都不再敢靠近西汉边境。

富国强兵思想进一步发展

富国强兵就是在发展国家经济的基础上，建立强大的军备力量。这一思想最早是春秋初期齐国著名政治家管仲提出来的，其在齐国取得成攻后，各国都大力效仿。尤其是商鞅的变法，使秦国迅速兴起，成为战国七雄之一，并奠定了后来秦始皇“横扫六台，统一宇内”的基础。

为维系封建帝国的安全，需要用军事力量保卫主权和领土，国防问题就成了头等大事。汉代建立后，刘邦充分利用战后和平时期，实行富国强兵政策，大力发展生产的同时命令军队自为耕种，这样既发展了经济又为军队提供了物质条件。到了汉武帝时，随着经济的发展，国力昌盛，军事力量自然不可小窥。

由此可见，军队战斗力与经济实力是分不开的。一个生产发展、经济兴旺的国家，有充足的人力、物力，这个国家的军事才会强盛，国防才会有保证。

9. 西汉时期的兵书整理

西汉建国后，统治者为了达到长治久安的目的，亟需建立一套适应封建大一统政治的思想体系，因此他们不但注重从政治上采取巩固政权的措施，而且在意识形态领域也对过往历史进行了深入探讨。

在军事经验总结上，汉初政治家强调对战争时期出现的“诈力”思想和行为进行清算，认为要以“柔道”治天下，兵家学派受到很大的冲击。到汉武帝时，占统治地位的黄老之学让位于儒学，统治者加强了对人民思想的统治，此时以董仲舒为代表的儒家学者对“先诈力而后仁谊（义）”的兵家思潮又进行了进一步讨伐。在这样的政治背景下，以“兵者诡道”、“兵以诈立”立言的兵家思想受到了公开贬责。如《汉书·刑法志》中便对孙武本人及兵家的观点进行了严厉的批判，反映了汉时占统治地位的儒学对兵家的贬斥态度。受这种政治氛围的影响，兵家在社会上的地位受到压抑，其典籍更是被严格限制流通。

但这并不说明西汉统治者对兵学不再重视。相反，他们在一定程度上认识到，兵学既是自己夺取天下的法宝，也会成为别人推翻自己的武器。汉代对兵书进行的三次较大规模的校理编录，即说明了这一点。据《汉书·艺文志》记载，汉代第一次校理兵书是在汉高祖时，朝廷让张良和韩信来主持这项工作，足见其对兵书整理的重视。但这些兵法是严格保密的，一般人无权看到。第二次整理是在汉武帝时，在上次整理的基础上有所增益，但《汉志》称“犹未能备”，还有缺遗。第三次是在汉成帝时，他诏命步兵校尉任宏校兵书，并把兵书分为兵权谋、兵形势、兵阴阳、兵技巧四大门类。这样看来，自汉代开始，已经基本建立起一套较为完整的军事学科体系。西汉对兵书的三次整理无疑对兵书的整编、保存、流传具有重要意义。

10. 三国时期的兵家韬略之学

所谓的“韬略”是指两个或两个以上的国家、政权、集团在斗争中所采取的策略、计谋、政策、手段等等。发源于先秦兵家的韬略之学，在秦汉时期得到广泛运用，到三国时期更是发展迅速。

（1）谋决论

此时的韬略家们服务于各大政治集团，他们与最高统帅者是谋与决的关系。谋决理论在三国时期发展的突出特色是实用性、创造性、灵活性。

谋决理论非常重视自身的实用价值，有着强烈的现实性、迫切性和使命感，较少务虚。三国时期的军事斗争的实践表明，成败双方实际上是由重视与忽视谋决、谋决水平的高与低，谋决结合的好与差等因素造成的。谋决理论中的实用性原则促使运用者去建立庞大的智囊团，韬略家们正是在这个组织机构中发挥聪明才智的。

创造性是实施谋决的最大难点，因此，三国时期的韬略家们在这一难题上各展其能。他们想方设法网罗人才，千方百计运用智慧，特别是创造性地运用逆向思维解决问题。谋与决能否保持灵活性，是三国韬略家们积极思考并付诸实践检验的重要问题。战场上情况瞬息万变，能否在复杂多变的形势下保持正确的判断，是个相当有难度的挑战。

三国韬略家们对谋决论中的灵活性原则给予了高度的重视和高超的把握。如孙权对曹魏的称臣、诸葛亮对东吴的立场等，都充分表明了韬略家们对这一原则的认识。

（2）奇正论

奇正思想是政治和军事上改变现状、打破困局、击败对手控制局面的重要工具。

三国时期的韬略家们比较成功地运用了这一理论，几乎所有取胜的战争中都有这一思想的体现。“正”意味着强大的实力，正面的进攻，是力与力的碰撞与较量。“奇”即出奇制胜，是韬略家们普遍追求的最高目标。用奇的核心，在于攻其不备，不泥常法，出人意料。简而言之，奇是一种全新的创造，它既要充分利用对方的思维弱点，大胆突破思维束缚，又要符合客观实际，有根有据，避免步入绝境，遭遇不测。

（3）利害论

韬略家们的一切努力都是围绕“利害”二字。文韬武略在一定程度上是谋求利益的重要手段。三国时期韬略家们其高明和奇特之处在于他们深知“利”有大小之分、“害”有轻重之别，两害相权取其轻。相互敌对的两方为了争取最大的利益，避免损失，就要加大韬略对抗的力度与强度，将力的拼搏转化为智的较量，最大限度地减少利益的损耗和祸患的产生。正是在这个意义上，三国时期的韬略家们才找到了用武之地，得到各大集团统治者的赏识和器重，同时也使三国的形势变得奇谲险恶，变幻莫测。

（4）劳逸论

冷兵器时代，决战双方主要是力量型的较量，强力者胜。如何削弱敌方的有生力量，使其在战斗时发挥不出固有的优势，就成了三国时期韬略家们亟待解决的问题。

先秦兵家著作中曾有过一些关于劳逸的论述。比如孙武的“佚而劳之”、“先处战地而待敌者佚，后处战地而趋战者劳”，孙膑的“避而骄之，引而劳之，攻其无备，出其不意”等思想，都构成了三国劳逸韬略中的主要内容。三国韬略家们还开展了对劳逸韬略的积极探索：首先，将“以佚待劳”的观点演变为“以佚击劳”的原则。“待”有被动等待、消极保守的一面，而“击”则意味着主动出击、积极迎战。这一原则的提炼与三国时期激烈斗争、混乱对峙的政治形势有密切关系，因为冲突双方总是希望以最短的时间赢得战争的胜利。其次，在“佚而劳之”

的基础上提炼出“劳而攻之”的原则。“佚而劳之”的目的是不让敌方有任何休息、休整的机会，实质上是削弱敌人的战斗力，使其失去最大的战斗能量。而“劳而攻之”是不放弃歼灭敌人有生力量的机会，这其中的进攻者一方并不一定具备整体上安养静休的优势。再次，通过政治、外交、经济等非军事手段达到令己方不劳、无劳、难劳的目的。韬略家们针对形势和客观情况，将兵家思想的外延做了大幅度的扩展，力主运用成功的政治、外交、经济措施，营造宽松、缓和的环境，化干戈为玉帛，避免多方作战、背腹受敌，积极争取机会，使自己的部队处于安逸、平和、静养、休整的良好状态。

11. 魏晋南北朝的兵法注解

魏晋南北朝是集中注解《孙子兵法》的发端期，曹操的《孙子略解》是进入这一时期的标志，这为后人注解和运用《孙子兵法》奠定了基石。

早在魏晋之前，就已经有人对《孙子兵法》进行注解了，但由于其学术价值不高，没有形成影响。曹操《孙子略解》的问世，这是兵家文化研究史上的一个重要里程碑。此后，集中出版了众多有关《孙子兵法》的注解典籍。

《孙子兵法》集中注解之所以产生于这个时期，主要是当时激烈的军事斗争的需要。魏晋南北朝是中国历史上的大分裂时期，战争连年不断，作战样式复杂、激烈、多变，争斗各方都迫切需要先进的军事理论作为指导，于是无一不把《孙子兵法》当成克敌制胜的法宝，趋之若鹜。但这部兵书博大精深，言简义赅，普通人很难全面、准确地理解和掌握其思想内涵。加之从春秋末年到魏晋南北朝，时间相隔已久，有些语言文字的含义发生了较大变化，必须对兵法中的这些字词进行一番重新注解。这种客观形势的需要是《孙子兵法》注解出现规模化效应的首要原因。除此之外，经过长期的军事战斗和理论研究，魏晋南北朝积累了较为丰富的军事经验，他们从前人训解儒学经典的方法中受到启示，很容易将这些方法运用到兵书注释中来。加上《孙子兵法》流传渠道的拓宽，人们见到这部兵书的机会很多，因此研究进入了比较活跃的时期。

当然，注解不是目的，使用才是根本。这一时期各国将领在运用《孙子兵法》方面有这样几个特点：重视谋略致胜的重要性；讲究伐交的艺术；用以指导治军。

总之，魏晋南北朝时期在注解和运用《孙子兵法》方面均有重要成就。这些成就上承秦汉传统，下开隋唐先河，对后来的兵学研究和运用产生了深远影响。

12. 隋唐兵家战略思想的发展

隋唐时期，在时代背景的推动下，兵学战略思想得到了进一步的发展和完善。

（1）军事概况

隋唐时期进行了规模空前的国家统一战争，开疆拓土。这一时期在军事史上最有影响和价值的火药得以发明与运用。当时，火药发明并没有明确的军事目的，也没有被直接应用于战争，但是却为兵器技术从冷兵器向火器的发展奠定了基石。

隋唐时期的军事技术、武器装备也得到了飞速发展。唐代发明了人力驱动的车轮船。因对骑兵的快速机动能力重要性的认知，唐代以后轻骑兵重新兴起，成为军队中的主要突击力量。隋唐时期的军制较之以前也有一些重大改革。隋朝改革了府兵制，认为军户调动频繁，导致居处不定，生活困难，不利于军心的稳定，因此把军户编入民户，户籍改属州县管辖，军人及家眷可依照均田法令受田，保有自己的产业。唐代的府兵制沿用隋朝旧制，成为一种兵农合一的军事制度。唐玄宗以后停止了府兵制，主要采用召募的方法来增加兵源，是我国古代兵制史上的一个关键性转变。

（2）兵家思想发展

隋唐时期的兵学发展不快，兵书数量也不多。特别是在唐代，当中国古典文学快速发展时，对兵学的研究却略显欠缺。到了唐代中期，又开始出现重文轻武之风，所以对战争实践中体现的军事思想不够重视。

隋文帝建立隋朝后，采取了一系列加强和巩固中央集权的措施，其中包括对部队的控制，以达到强化封建国家机器的目的。一是降低将军的名位和实权，在减少高级将领数量的同时增加了低级将领的数量，将将军置于皇帝的直接领导，分散权力，实行逐级指挥。二是军队由皇帝掌握。将帅在平时不和士兵联系，不可随意征调士兵，并遵守严格的规定。唐期时，除紧急情况外，凡发十人十马以上者，都要有兵部奉皇帝敕令颁发的鱼符木契，违者处以刑罚。这是一种极为周密的中央集权军事制度，有利于防止将帅利用兵权来滋长个人势力而危及到中央。

隋唐时期对战略布局比较重视，特别是唐初时期，用“中外相维，重首轻足”，“内重外轻”，“居重驭轻”的思想来进行军事统筹。当时，全国共设置634个军府。其中以关内军府最多，占全国40%左右。这样的军事布局，使唐代的中心地区集中了强大的武力，便于中央随时调兵遣将，一来有利于保卫国都，二来可对全国实行有效的军事控制。但是，到了后来，节度使兵权加重，把地方政治、军事、财政牢牢控制在自己手里，导致安史之乱爆发，藩镇割据情况加剧。

（3）对典籍的发扬

隋唐时期，虽然受时局和统治者喜好的影响，作为兵家代表人物的孙武的地位浮沉不定，但其所著兵书《孙子兵法》的理论价值及影响力很大，被视为当时诸兵书之首。唐代李世民、李靖等人论兵，皆对《孙子兵法》推崇备至。因此隋唐也是《孙子兵法》注解的高峰时期，这一时期最突出的亮点就是注解的内容和形式都有所创新。在对《孙子兵法》的研究过程中，兵家学者同时吸收总结了当时的战争经验，从而将冷兵器时代的军事思想又向前推进了一步，兵家思想渐趋成熟。

13. 两宋时期兵学的复兴

宋代的兵家思想在中国古代军事思想发展史上具有重要地位，是兵学由衰落走向复兴的开始。

（1）其转变有着深刻的时代背景

首先，高度集中的军权思想使宋代在军事战争中屡屡败退。一是削兵权。鉴于唐代由于中央军权削弱导致亡国的教训，宋代实行了两次削兵权举措，第一次始于宋太祖建隆二年（公元961年），第二次始于南宋高宗绍兴七年（公元1137年）。宋时的两次削兵权，是要武将不擅权，将兵权牢牢掌握在皇帝手里，武将只负责操兵训练，却没有调兵遣将的权力。宋代削兵权的实质是为了高度集中军权，奉行“守内虚外”政策，但其结果是弊大于利，这导致南宋最终丧失了收复北方失地的良机，并被元朝取而代之。二是拣选建置。赵匡胤继位后，在削兵权的同时，实行一种拣选制度。宋代从各地招募的士兵中筛选精兵强将，除防守京师外，还分番调戍各地，使将不得专其兵。这样做的目的是保持京城内外兵力的平衡，为维护统治所采取的另一种集中军权的措施。三是将从中御。宋代为了防止武将拥兵自重，建立了枢密院三衙统兵体制，巧妙地把兵权一分为三。遇有战事，由皇帝任命领兵出征的人，从而实现了“发兵之权”与“握兵之重”的分离。然而战场上，皇帝不给将帅以见机行事的指挥全权，事事必须禀承皇帝或朝廷的旨意行动。其结果往往是被动挨打，最终招致失败。

其次，宋代在战略方针上，消极防御一直占居主导地位，实行“守内虚外”的消极防御方针，认为“外忧，不过边事”，“内患，深可惧也”，因此把注意力放在防止内部夺权上，不努力发展军事力量，只求暂时相安。

（2）兵家积极谋求改变时局

到了北宋中叶，为了改变战争中不断失败的现状，朝廷开始重视兵学。一方面积极完善典籍编撰。宋仁宗时，建崇文院，编四库书，其中著录了兵书347部共1956卷，并且开办了“武学”。与此同时，还首次动用国家力量编撰兵书《武经总要》，并由宋仁宗亲自作序。神宗熙宁五年（公元1072年），武学重兴，朝廷设立武举，发展军事教育，明确规定《六韬》、《孙子》、《吴子》为武学考试科目。为了适应教学需要，元丰三年（公元1080年）四月，神宗又诏命国子监校定《孙子》等七部兵书作为武学必修课程。武举的设立，武学的兴办，为宋代培养了大批军事人才，同时也繁荣了兵家学术，朝廷对编撰兵书有功者进行了褒奖，一大批学者纷纷撰写兵家著作。另一方面，这种不利局面促使许多人研究和思考边防问题，从而使兵学中的国防思想得到了丰富和发展。宋代的一些兵书比较注意针砭时弊，借古喻今，主张富国强兵，改变国贫兵弱的现状，并针对因朝廷过于集中兵权，将帅用兵缺乏机动的弊病，提出了机动用兵、利在变通的建议。

（3）儒学对兵学的整合

在兵家努力转变战局不利形势，宋代统治者整理、编辑、出版各类兵书的同时，居于统治地位的儒家思想开始改造兵学，形成以文制武、文臣统兵的制度，造成一种儒学兵家化和兵学儒家化的发展趋势，从而在组织制度上以“以儒统兵”的主导地位。

宋代的文臣统兵出现了制度化的趋势。领兵打仗一直是武将的职责，但中国古代战争史上文臣统兵的事例也有很多。就宋代而言，文臣统兵的典范如范仲淹、虞允文等。宋太祖赵匡胤对武将有着天然的防范，因此在他即位之后便着手收回兵权，废除藩镇制度，提高文臣的地位，实行“重文抑武”的中央集权体制。但这并不能彻底改变唐末五代以来朝廷宠任武臣的局面。宋真宗时期，随着文臣地位的逐步提高，歧视武将、文臣独尊的局面开始出现。到宋仁宗时期，边疆战败不断，武将威信尽失，文臣趁机掌握了统兵的主导权，并在作战中取得了成功。此后，文臣统兵开始成为惯例，并与武臣统兵互相消长。

“以儒统兵”推动了中国传统兵学既重战又慎战的理性精神的形成，丰富和发展了传统兵学的理论内涵，增强了其理论性、思辨性和学术体系的完备性、系统性。但同时，儒学对兵学的全面整合又造成中国古代兵家自觉意识的丧失，也给中国古代兵学的发展带来负面影响。

14. 元代时期的兵家概况

元代施行积极的对外扩张战略，频繁的战争为将领们提供了施展军事才华、建立功勋的最好舞台；也正是在不断的战争中，积极进攻、远程奔袭的战略思想得到了较大的发展。元代的兵学基本上继承发扬了成吉思汗的军事战略思想。元代建立前，成吉思汗采取积极进攻的战略，把运用骑兵的战略战术推向一个新的高峰，逐渐形成了骑兵战略思想体系。他以速战速决的进攻运动战为基本战略思想，以聚攻散，机动灵活地集中兵力打歼灭战；在具体战术上，他充分发挥了游牧民族骑兵的特长，动员全民族投入战争；在用兵上，他对强弱、攻守、快慢、进退等都有辩证的理解，能够比较正确地处理这些矛盾关系，由此取得了辉煌的战绩。此外，元代的木华黎、忽必烈、史天泽等人的军事思想也非常宝贵，为元初兵学发展提供了有力支撑。这一时期的兵书不仅数量多，而且门类、范围也大大增加，逐渐形成了由不同层次兵书组成的军事学术体系。

15. 明代兵家与儒家的融合

明代兵家文化不仅在以往兵学的基础上有了较大发展，而且突出了其中的儒家思想因素；同时，儒家在发展过程中也吸收了兵家思想。因此兵、儒文化交融成为明代兵家发展的新特点。

第一，赋予兵家以儒家思想内涵。明代，用儒家思想来阐释作为武学的兵家教科书。如《孙子兵法》说：“道者，令民与上同意也，故可以与之死，可以与之生，而不畏危。”刘寅解释为：“道者，仁义、礼乐、孝悌、忠信之谓……”可见，这里完全是以儒家的思想内涵来解释“道”，使兵法中的“道”和儒家的“道”达成一致，而并不是兵法原意。另外，明代军事思想中的战争观和防御思想也渗透着儒家思想。譬如，战争观中强调“民”的重要作用，就是从儒家思想出发的。

第二，运用儒家思想解决军事问题。明代军事家在日常练兵过程中常用儒家思想来进行教导。当时的将领不仅要用儒家理论来教育士兵，还要以符合儒家精神的“诚”来感化士兵，使他们真正从思想上接受“亲上死长之义”。而将领自身更是以掌握儒家思想来要求自己，讲求学习“圣贤之道”，“端心术”。明代兵家运用儒家思想加深了训练的思想性和哲理性，使训练思想更加完备、成熟，对提高部队战斗力有积极意义。

16. 明末清初的兵家文化飞跃

明清两朝，中国封建社会由高度的中央集权逐步走向衰败。在这一时间里，总共发生了约 1000 多次战争，不但有连绵不断的大规模的农民起义、平叛战争，还有反对外国侵略者的战争。在动荡不安的国内时局和错综复杂的国际环境下，兵家思想获得了突飞猛进的大发展。

（1）军事装备

明代火器的使用很普遍，到了后期，火器编配已在 50% 以上，由此进入了冷热兵器并用的时代。

明代的管形火器是前装填，发射石弹和铅子，以后又由单管发展到多节多管，既可以单放又可以齐放、连放，并开始装瞄准器，提高射击精确度。火器的样式门类也比较多，有水陆攻守用的，有飞行器式的，有地雷式的等等。由于火器的改进和从国外引进部分先进兵器，出现了火器营及工兵等新兵种。明代还成立了专门的火器部队——神机营，加上作战对象的变化，促使官兵在训练方式、作战指挥上都发生了一系列明显变化。明中叶以后，炮兵逐渐从步兵中分化出来，成为独立的作战部队，部分炮弹由实心弹改为爆炸弹，炮兵的作用开始提高。此时，还出现了最早的车载炮营，即将车营与火器结合，使古代的车战形式得到了新生，对抗击骑兵起到了重要作用。骑兵的地位虽有所下降，但在战争中仍发挥着重要作用。除骑战外，城市和江河防御战也达到了空前的水平，并出现了抗击倭寇的海战。

在军制上，明代实行与屯田制相结合的卫所制，军队的调动权归兵部，而统兵权归五军都督府。清代实行“八旗”、“绿营”兵制。“八旗”按民族分别编制；“绿营”兵是参照明代卫所制改编和新招的汉兵，一人在军，全家编入军籍，具有世兵制性质，但不世袭。“绿营”兵制自顺治初年建立后，经百余年而趋于完备。

（2）军事思想

明清时期的军事思想同宋元时期一样，在中国古代兵家发展史上具有非常重要的地位，是兵学发展的又一次高潮。

兵学研究的深入发展

明清时期十分重视对军事思想的研究。第一，重视对兵书的收集整理。从明代初年开始，朝廷就下诏令“求四方遗书，设秘书监”，并把收集到的兵书发给武职官员的子孙学习。清代的《四库全书提要》对收录的每部兵书都做了简要介绍，是我国第一个有内容提要的兵书目录。这样既保存了古代兵书，又为学习研究提供了方便。第二，兵书作者阵营不断扩大。明清时期许多将帅、文臣、学者、隐士，甚至农民起义领袖都加入了著述兵书的行列。不但武人喜欢谈兵，文人也好弄武，出现了研究古代军事思想的热潮。第三，重视对前代军事思想的继承。明清时期人们对兵书的评注、翻刻也很广泛。说明当时的学界很重视对古代军事思想的研究和继承。第四，兵书数量多，门类齐全。由于这一时期兵学研究达到了高潮，因此兵书数量大增，而且门类、范围也很广，如有论述海防的专著、论述军事地理学的专著、专门介绍火器的专著等等。这一时期还广辑历代军事资料的大型军事类书以及丛书、辑评等著作。

从体载上看，这些著作一般不采用之前的问答形式，而采用条目形式，力图用简明的语言分门别类地概括军事思想的各个方面，形成逻辑性较强又比较完整的学术体系，同时常常采用史论结合的方式，使理论和战争案例结合起来，企图使军事思想完整化、体系化，体现了军事思想研究的高水平。

完整的战略防御体系

明代曾先后面临着两大威胁：一是北方边患，二是沿海地区海患。所以，明代面临的军事问题就是战略防御。这迫使明代统治者不得不采取相应的战略措施。明清时期的防御思想既有成功的也有失败的。明太祖统一中国后，为加大防御纵深，曾在长城外的几个主要方向上设置防御要点，内沿长城增修关隘，组成内边与外边结合的纵深防御。明成祖则放弃了外线防御，使北部防线不断后移，防御纵深浅露，是战略上疏忽。明太祖、明成祖在国防上采取进攻方针，多次远征塞外、漠北，但成效很少。明仁宗、明宣宗则采取稳守反击的方针，与民休息，这个积极防御方针因切合实际，收效明显。此外，由于倭寇作乱，明代开始在沿海大量设防，形成了比较完整的沿海防御体系，不断抗击倭寇的入侵。

冷热兵器战术运用

宋元时期，火器对作战形式的影响比较轻微。到了明清时期，由于火器数量、种类的增多和战斗性能的改进，较为普遍地装备了部队，对作战方式的影响很显著，也使军事思想得到进一步丰富和发展。

这一时期在作战方法上，初步出现了火力准备、火力突袭和拦阻射击等战法。冷热兵器协同作战的具体办法一般是两军对阵未交锋前，先以火力冲击，用枪炮和弓弩射杀敌人，损毁敌方的有生力量；交锋之后，再用冷兵器短兵相接，跟敌人肉搏。这样，火力战斗成为战斗过程中的首先阶段和重要阶段，往往成为决定战斗胜败的关键。在战斗队形上，为减少伤亡，此时产生了低姿跃进的作战形式和小而疏散、灵活机动的阵式队形，改变了过去按图摆阵的作战方式。在城寨攻防上也有很大变化，进攻城寨往往使用火药，实施强攻。这样，对城防的要求也就相应地提高。在组织指挥方式和军事训练上也有了相应变化，冷兵器战斗要求指挥员亲自带领军队对敌冲杀，依靠生死搏斗决定战争胜负。火器增多后，指挥员的主要任务已不是亲自冲杀，而是适应情况变化，进行组织指挥，这对将帅兵学修养和平时的军事训练提出了新的要求。

明清两朝，有成就的名将数以百计，这些人无一不是戎马一生，深于谋略，善于用兵。在战略上，他们常常以少胜多，以劣胜强，创造了战史上许多著名战例，留下了丰富的军事论著。

17. 清末期兵家的转变

这一时期，清代统治已腐朽不堪，随着殖民势力的入侵，中国开始沦为半殖民地半封建社会。此时中华民族反抗帝国主义侵略的民族战争、国内反抗清政府腐朽统治的革命战争频繁，促使了兵家文化向近代化的转变，在晚清军事组织和军事思想中出现的新内容正是这种转变的反映。

鸦片战争，既是近代中西军事力量之间的第一次正面撞击，也是中西两种不同军事文化体系之间的首次对视和冲突。割地赔款的战败结局，不仅凸显了中国军事实力相对于西方近代军事发展水平的差距，而且也使“论理不论势”的中国传统兵家文化，在与以“强权即公理”、“丛林法则”为基本价值取向的西方近代军事文化的较量中显得苍白无力，陷入严重的发展困局。在“救亡图存”时代召唤下，“师夷之长技以制夷”、“变法自强”、“强兵富国”等主张日益成为兵家文化发展的主旋律。

林则徐、魏源率先提出“师夷之长技以制夷”的口号，一方面突破“夷夏大防”的传统心态，使中国人第一次对自己的军事状况有了“自知之明”，体现了一种批判、兼容精神和学习进取意识；另一方面也突破了中国传统军事文化“重道轻器”的价值观念，开始重视武器装备和科学技术在提高军队战斗力中的作用，这实际上是唤醒了中国近代军事科技的自觉。不少青年才俊怀着强兵救国的梦想，纷纷报考国内外军校，成为推进中国近代军事变革的中坚力量。但是总的来看，中国近代兵家文化自觉意识仍处于萌芽和复苏阶段，离科学理性的高度还差得很远。

18. 民国时期的兵家特点

民国初年的北伐战争和后来的军阀混战，加上抗日战争爆发、解放战争打响……这一时期成为中国历史上战争最为频繁、时局最为动荡不安的年代之一。战争一方面使民众蒙受灾难，另一方面也促使科学技术的发展，大批的新式武器应运而生，出现了例如飞机、坦克，乃至航空母舰和原子弹等。新式武器的使用，对传统军事理论提出了新的挑战，也促使人们在国难时刻探寻着兵家思想的解决之道。于是，大量西方军事著作被介绍到中国，兵家文化开始反思其自身。

民国时期研究兵家文化的显著特点是，改变了只重视对典籍字词校勘、注释的传统做法，突出对军事思想的阐发，并大量引用近现代战例史实和西方资产阶级军事理论加以诠解，这极大地方便了现代读者的阅读和理解。为了提炼出适合现代化战争需要的兵家军事理论，民国时期还有不少研究者将兵家思想放到近代战争环境中进行综合性研究。随着五四新文化运动的开展，白话文和新式标点得到倡导，这为兵家典籍提供了有利的著述形式。从而把这些书从学者书斋中解放出来，摆脱了晦涩和学究气，成为普通民众和士兵的读物。

中国共产党及其领导的人民军队同样也非常重视兵学研究。1936 年底，红军长征到达陕北后，毛泽东在《中国革命战争的战略问题》一文中把“知彼知己，百战不殆”这句话上升到了规律高度，给予了很高的评价。毛泽东不但自己研究《孙子兵法》，而且还在解放区发起了学习《孙子兵法》的运动。1939 年，毛泽东根据当时全国抗战形势，提出要学习古兵法，并把注释兵法的任务交给郭化若，同时就如何研读《孙子兵法》提出具体意见。在毛泽东的关怀和指导下，郭化若撰写出《孙子兵法之初步研究》一文，首次以马克思主义理论对《孙子兵法》进行系统论述，开唯物辩证法研究《孙子兵法》之先河。人民解放军其他高级将领，如刘伯承、叶剑英、陈毅、彭德怀等，也都对《孙子兵法》有独到的研究，并在各自的军事生涯中发挥作用。

此外，这一时期围绕《孙子兵法》成书时间、孙武世系、版本流传等兵家文献的研究，也展开了争鸣，取得了较大的进展，一批学术价值较高的文章得以发表。这些文章摆脱了清末考据学的束缚，广征博引，尽管有些争论未能得到统一，但依然推动了兵学研究向纵深发展。

民国时期由于长期的战乱，造成物资匮乏，特别是印刷出版条件极为不利，因此出版的兵家文化著作，不仅印数少，印刷水平低，装帧质量差，而且保存下来的极少，影响力有限。

19. 新中国成立后的兵家文化发展

新中国的成立，开辟了中华民族光辉灿烂的历史新纪元。一批军事院校对兵家文化的研究给予了极大的关注。中国人民解放军军事学院成立后，时任院长的刘伯承就积极倡导研究兵家文化，并将《孙子兵法》作为“战役法”课程的指导教材，组织人员对《孙子兵法》原文进行注释，并亲自校改《兵势篇》，还登上讲台为学员讲解；中国人民解放军总参谋部把《孙子兵法》列为高级干部必读书籍，将《武经七书》影印下发部队，列入军队军事教育训练的重要内容等等。

此外，一些学者也对兵家文化产生了浓厚兴趣。如郭化若于20世纪50年代初完成了对《孙子兵法》13篇的注释和用现代汉语翻译的工作，出版了《今译新编〈孙子兵法〉》，该书的问世提供了适合现代读者阅读的新注本，对普及兵家文化发挥了积极的作用。这一时期对兵家哲学思想的研究也波及到哲学界，中国哲学学者们开始在他们的著作中介绍兵家哲学思想，如冯友兰、任继愈等，都在书中设专章论述兵家哲学思想及价值，带动了其他学科对兵家文化的研究。

1972年在山东临沂银雀山汉墓同时出土的《孙子兵法》和《孙膑兵法》竹简，不仅在我国考古史上占有异常重要的地位，而且在兵家文化上也是划时代的重大事件。它不仅平息了延续2000多年的有关争论，证明孙武、孙膑各有其人，各有兵书传世，而且为校勘《孙子兵法》提供了难得的文物资料。随后出现了一批整理竹简和用简本校勘《孙子兵法》的著作。学者们利用汉简提供的丰富材料，对《孙子兵法》的成书年代及作者等长期争论的问题，进行了深入的讨论，取得了比较一致的看法：《孙子兵法》为春秋末期孙武自撰，但在长期流传中不排除后人加工整理和补益的可能。

20. 改革开放后兵家文化新气象

从《孙子兵法》诞生至今，历经2000多年的传播与发展，兵家文化已经成为中国传统文化的重要组成部分，并逐步形成了自己独特的研究体系。进入改革开放时期，有关《孙子兵法》的研究文献急剧增加，研究队伍不断扩大，新的研究方法层出不穷。

首先，将兵家文化作为独立的对象进行专门研究。在1989年召开的首届《孙子兵法》国际研讨会上，许保林先生向大会提交了题为《建立“孙子学”刍议》的论文，首次提出创立“孙子学”的倡议，得到与会专家、学者的重视和肯定。随后，一些学者相继出版了一些著作，对兵家文化做了系统深入的研究，并取得了丰硕的成果。这其中包括对传统兵家著作的校勘考证，和对兵家理论的重新论证阐述。这些研究成果，为兵家文化的发展奠定了坚实的基础。

其次，在研究方法上，很多专家学者积极引入现代科技手段，对古老的《孙子兵法》进行全方位的研究，取得可喜的成果。如杨少俊等人利用计算机技术对《孙子兵法》进行系统研究，研制出“《孙子兵法》微机检索专家系统”，形成极便检索的资料库，将《孙子兵法》的文献研究提高到一个新的阶段。这为未来的兵家文化研究提供了更广阔的天地。

再次，在兵家文化理论应用上进行了创新，众多研究者将其延伸到军事经济、军事管理、军事伦理，以及心理学、运筹学等学科上，并在具体的研究工作中克服困难，以精益求精的严谨态度治学，使兵家文化的研究更科学、更成熟。

随着改革开放步伐的加大，对外交往程度的加深，兵家文化的国际交流也得到了迅猛发展。数种外文译本的《孙子兵法》出版，既为外国读者提供了阅读便利，也扩大了《孙子兵法》在世界的影响。

第 二 章

兵家的主要派别

兵权谋者，“以正守国，以奇用兵，先计而后战，兼形势，包阴阳，用技巧者也”。

——《汉书·艺文志》

1. 齐系和魏系

按照地域来分，兵家自古有齐、魏两大门类。

从国别属性来看，兵家著作主要出自齐、晋、齐、秦、楚、越、吴等国。从文化谱系来看，春秋战国时期的每一种地域文化（齐文化、晋文化、秦文化、楚文化、吴越文化）都有其兵法产生，但流传下来的只有吴国的《孙子兵法》，齐国的《孙膑兵法》、《司马法》、《六韬》，魏国的《吴子》、《尉缭子》。

其中，《孙子兵法》虽然冠以属地“吴”，但由于其在孙武面见吴王之前就已成书，故实际上也属于齐国系统。吴起虽是卫人，但其军事和政治才干的施展却主要在魏国。因此真正有著作流传与历史影响的国别系统是齐系统与魏系统。

从地理位置和文化渊源来看，齐国东向大海，南接鲁地，西临秦晋，受到鲁国礼乐文化的影响，也浸染了秦晋法家思想。魏国地处中原三晋腹部，西邻秦国，东连卫国，南接韩国、宋国，是法家思想发源和传播的主要地域。因此，先秦兵家齐、魏两大系统具有各自独特的品质。

第一，从表现的儒、法色彩看，齐兵家虽然也强调以法治军，融会了法家的思想，但表现出更为浓重的儒家色彩，在兵书中处处闪耀着仁、义、礼的思想，表现出传统的儒家人文主义精神。魏兵家虽然也包含一定的儒家思想，却更加注重法治，具有浓重的法家色彩，在兵书之中始终贯穿着以法治军的思想，而且许多内容类似于军队的法律规范，在当时具有很强的可操作性。

第二，从表现的道家色彩看，齐兵家具有更为浓重的道家色彩，主张不战而胜、全胜，展现着以柔制刚、以退为进、以静制动、以无为治有为的思想光辉。魏兵家虽然也偶见道家言论，但并非主流特色。

第三，从理论层面看，齐兵家更具有战略思维，高屋建瓴，气势高远，更为注重以谋取胜，善于揭示战争规律，极具圆融通达精神、朴素辩证思想和超越时空的普遍意义。魏兵家更具战术思维，强调以术取胜，对具体战术、战法有精辟概括，在当时具有很强的实践意义，但也因此而具有较强的时代局限性，随着时代的进步、战争式样的变化而逐渐失去指导意义。

第四，从整体风貌看，齐兵家显得飘逸、潇洒、灵通，气象开阔；魏兵家显得质实、严谨、庄重，气象浑厚。一般地，齐兵家是在精神上融会了儒、道诸家的思想；魏兵家中的某些道家、儒家思想，大多是从语言载体上体现出来，没有达到齐兵家的思想高度和语言艺术境界。

可见，齐、魏两大系统各具特色，有非常明显的区别，这既有地缘原因，也有学缘原因。所谓地缘原因，就是两系统的兵家所出地域不同。所谓学缘原因，就是两系统所承传与吸收的文化不同。除此之外，与齐、魏两系统的经济、政治也有一定的关系。齐地经济繁荣，农业、商业、手工业都很发达，思想开放，政治开明。魏地在经济上重农抑商，政治上充分利用法家思想。

2. 正兵家与政兵家

以《孙子兵法》、《司马法》为代表的叫正兵家，以《六韬》、《三略》为代表的叫政兵家。这两种流派，在战争观上，对政略、兵略关系的处理上，以及在培养对象上，都有所不同。

二者的不同点集中体现在“正”和“政”这两个字上，一个研究的是纯粹的兵学著作，一个研究的是既谈兵略，又讲政略的兵书。二者培养的目标也不相同，正兵家主要培养的是将帅；而政兵家培养的是所谓“帝王师”或“王者师”，指君主的高参。由此而决定了两个流派兵书内容各有差异：正兵家研究的是军事问题，以军事为中心而及政治、经济、外交等内容；在军事问题上，它又着重研究的是战争，揭示的是战争的一般规律，重点是讲用兵艺术。政兵家既重军事，又重政治，既讲战争之道，又谈治国之方，既言战场致胜，又谈战后守功，其论用兵之道虽不如《孙子兵法》精深，但却注重从政治上考察各种社会矛盾。正兵家从将帅的职责出发，强调一切为了战争的胜利，能打胜仗的就是好将帅，对战争的性质没有论及；而政兵家已将战争明确区分为义和不义。正兵家的培养对象是“将帅型”军事家，以韩信为代表；政兵家的培养对象是“高参型”军事家，以张良为代表。

正兵家与政兵家之间因为有差异，所以能互补。这两种类型的军事家的出现，与这两种传统兵家流派在他们心理上的不同映射有着密切的关系。

3. 兵权谋家

中国先秦、汉初研究军事理论、从事军事活动的学派，兵家四大流派之一。

兵权谋家主张“以正守国，以奇用兵，先技而后战，兼形势，包阴阳，用技巧者也”，即战略战术，这一流派从多方面阐述战胜之法，并不局限于用兵器到真实的战场。兵权谋家的代表作有《孙子兵法》、《吴子》等。

4. 兵形势家

所谓兵形势，主要是指战术方面的运用。兵形势家是兵家四大流派之一，其代表作流传下来的只有《尉缭子》。在《孙子兵法》中，关于“兵形势”是分为“形”、“势”两大篇章专门论述的。胜利者对失败者占有绝对的优势，打胜仗一方指挥士兵作战，就像从高山顶上决开积蓄起来的大水，直冲而下，其势锐不可挡，这就是“形”。木料石块的特性是，你把它放在平坦的地方就不动，放在陡峭的地方，它们自然会滚动，所以善于指挥作战的人善造有利的态势，就像把圆石圆木放在万丈高山之巅，向下推动，翻滚而下，其当然无坚不摧了，这就是“势”。

5. 兵阴阳家

所谓兵阴阳家，指在阴阳五行框架支配下的多种术数形式在军事理论和实践中的运用或延伸，是兵家四大流派之一。一切借助鬼神的方术巫法在军事上的应用，也都可以归入兵阴阳派的范围。例如：卜筮是中国古代最古老的占卜术，是基本的战争术数之一；天文云气占也是古老的军事占候之术，在古文献中不难发现，战国秦汉时期各种天象、云气的记录和分类比春秋复杂细致得多，涉及日月、五大行星、北斗和众多恒星及气象现象；象占是根据自然界的种种奇异罕见现象推断人事的术数，一切少见的自然现象如日月食、水旱、地震、蝗灾、动植物异常乃至于特殊的人类生理、病理现象和民俗、谣谚等，都在阴阳五行的框架下被赋于特殊意义；图谶作为一种术数形式，大兴于西汉后期，这种本以预测政治变动为主要功能的图籍，常有兵阴阳文字含在其间，常用以惑众起兵和决断军事。此外还有一些种类，这里不再赘述。

6. 兵技巧家

兵技巧家在《汉书·艺文志》中分列兵家四大流派之一。《汉书·艺文志》收录的《手博》六篇对兵技巧家的基本内容作了如下概括："技巧者，习手足，便器械，积机关，以立攻守之胜者也。"

根据《汉书·艺文志》的描述，兵技巧家的内容应当包含如下两个方面：一是对作为战争主体性因素的人的关注，即是说，每个士兵都应"习手足"，具有作战杀敌的本领与技能；二是对战争中器物因素的关注，即"便器械，积机关"，在确立"攻守之胜"之中的巨大意义。另外，城市、关塞、营垒等军事性建筑，在战争中的意义和作用，亦为兵家所注重，更为兵技巧家所看重。例如，墨子对城市建筑的防守性的研究，使他获得了"墨守"的称号。

《汉书·艺文志》中记录兵技巧家的有《鲍子兵法》十篇、《公胜子》五篇、《逢门射法》二篇、《剑道》三十八篇、《手博》六篇等等。

7. 司马派兵家

司马派兵家是创造性阐明《司马法》的仁本精神，主张慎战与备战，重视军礼与军法的兵家流派。《司马法》又名《司马兵法》，是西周时期军事礼仪、军队编制、军事操练、军事典章等的汇编，而不是讲权谋、形势、阴阳、技巧的一般意义上的兵书，是西周礼乐文明在军事领域的反映。《司马法》自古有之，到了春秋末期，反映古代军礼、军法的《司马法》已经不能适应新的时代和新的战争，有些内容逐渐被淘汰而至散失。真正阐扬《司马法》并有著作的只有司马穰苴了。

8. 孙氏派兵家

孙氏派兵家是以孙武为代表，集中体现齐地兵学特色，带有吴楚兵学色彩，是崇尚权谋与诈伪的兵家流派。孙武思想的重要承传者孙膑是孙武的后代子孙。《孙膑兵法》与《孙子兵法》在战争观、战略思想，甚至在战术上一脉相承，在文字上也有多处直接引用《孙子兵法》原文。《汉书·艺文志》把这两部著作列在兵权谋类的开首，孙武、孙膑均被称为“孙子”。为了区别两者，孙武的兵法称为《吴孙子兵法》，孙膑的兵法称为《齐孙子兵法》。

9. 吴氏派兵家

吴氏派兵家是明显带有儒、法合流色彩的兵家流派。这一兵学派以吴起与尉缭为代表，以魏国的对敌军事斗争经验为主要内容。

《吴子》是与《孙子兵法》相媲美的兵法名著，自古以来“孙吴”并称，虽然在某些观点上，吴起与孙武有相似之处，但《吴子》与《孙子》仍分属两个不同的流派。

吴起与尉缭先后来到魏国，分别向魏文侯、梁惠王进献兵策，与魏文侯、梁惠王答问。吴子、尉缭论兵都根据魏国的国情及所处时代特点出发，因此两人在某些军事、政治原则上有一致之处。另外，两人都有浓厚的法、儒思想，特别强调依法治军、以仁带兵。再者，《尉缭子》不仅在思想上，而且在语言文字上对《吴子》多有继承与发展，有些完全是引用《吴子》的内容，在《尉缭子》中也有不少关于吴起的史料，从这些史料中可以看出尉缭对吴子推崇备至。

10. 太公派兵家

太公派兵家是指以太公为尊崇对象并假借太公之名著述兵书、表现出明显的道家思想的兵家流派。成书于战国末期的《六韬》与成书于汉初的《三略》就是这个流派的代表作。《汉书·艺文志》道家类著录有《太公》237篇，其中有《谋》81篇，《言》71篇，《兵》85篇。而在兵家类中，班固说："右兵权谋十三家，二百五十九篇。"据《汉书·艺文志》载，《伊尹》、《太公》、《管子》等著录在道家类，可见道家类的《太公》就是兵家《太公》。

11. 稷下派兵家

稷下派兵家主要是以齐威王、齐宣王、齐湣王时期聚集在稷下学宫不治政事而专门议论兵事的人士为主体，吸收齐国兵学与诸子文化中的优秀成分，带有比较浓厚的杂家色彩的兵家流派。

这个流派的人物与著作，主要有管仲与《管子》、子晚子与《子晚子》。有学者把稷下兵家学派称为"管子兵法"学派，认为《管子兵法》这部专著，大概在汉代刘向校订《管子》之前，就已经被后人弄得零散了，很有可能是管子以后的稷下学的史学家或兵学家根据管子治国理念、言论而逐渐汇集成书的。子晚子是齐人，其著作《子晚子》与《司马法》相似，是带有较重杂家色彩的兵书，而《司马法》大致是由齐稷下兵家所追述的，因而大体上可以推论子晚子是稷下兵家人物。稷下兵家的兵论著作可见于《管子》一书，主要的篇章有《七法》、《幼官图》、《兵法》、《霸言》等。

由此可知，稷下派兵家在理论体系上缺乏完整性、严密性，但仍有自己独特的主张和思想。概括起来，大致有以下几点：认识和遵守自然规律和战争规律，全面客观地掌握敌我双方情况，由此制定作战原则和计划；战争取胜由财、工、器、选士、政教、服习、知天下、明机数等八个因素决定，这八个因素互相依存，构成有机体，缺一不可；要善于根据形势的变化而改变战略、战术。这些思想与《孙子兵法》、《孙膑兵法》有千丝万缕的联系，又有自己的创造，是稷下兵家共同的理论主张。

第 三 章

兵家的代表人物和著作

孙子武者，齐人也，以兵法见吴王阖闾。阖闾曰：子之十三篇吾尽观之矣。

——司马迁《史记》

1. 管仲与《管子》

管仲（约公元前723或公元前716—公元前645年），姬姓，管氏，名夷吾，谥曰“敬仲”，中国春秋时期齐国颍上（今安徽颍上）人，史称管子，周穆王的后代。

管仲是我国历史上一代名相。他相齐40年，顺应历史潮流，“与俗同好恶”，推行了“奖励耕战，富国强兵”的政治路线，进行了一系列的政治、经济、军事改革，解放生产力，改变生产关系，发展生产，推动了社会前进。他同时高举尊王攘夷的大旗，救燕、扶魏、安邢、和鲁，北伐山戎，东征夷秋，南挫荆楚，中定周室，九和诸侯，一匡天下，使齐桓公成为“春秋五霸”之首。

管子也是中国历史上著名的军事家，他“作内政而寄军令”，把居民的行政组织与军队的编制结合起来，成为兵民合一的体制。他在全国组建三军，每军秋冬二季进行军事训练，军队以“伍”为单位，“伍”中五名士兵家家相连，世代同居，这样的军队作战时可以生死与共，祸福同当，“以守则固，以战则胜”，驰骋天下，所向披靡。如管仲北伐山戎，东征夷狄等战争体现了他的军事才华。

《管子》思想在中国思想文化史上有着重要价值和地位。《管子》中的思想是在政治风云复杂多变的情况下，通过长期执政实践，在与时俱进中总结出来的。书中体现的思想上承尧、舜、禹、汤、文王、武王、周公、姜尚等名君贤相治国安邦思想的精华，下开儒、墨、道、法等诸子百家的先河，因此可以说是春秋、战国诸子百家思想源泉之一。孔子说：“管仲相桓公，霸诸侯，一匡天下，民到于今受其赐，微管仲吾其被发左衽矣。”

《管子》思想在春秋战国乃至秦汉初期备受诸子百家、君主将相的青睐，他们无不吸取《管子》思想为著书立说、创立学派、改革弊政、安邦定国服务。诸如道家老子的“天道自然”、“欲取先与”、“祸福转化”思想；儒家孔子的“为政以德”、“孝悌忠信、礼义廉耻”、“有教无类”思想；兵家孙武的“知己知彼百战不殆”、“不战而屈人之兵”、“善交胜于攻取”思想等均有管子思想印记。再如秦孝公任用商鞅变法，“废井田，开阡陌”、“奖励军功、耕织”、“推行县制”；楚悼王任用吴起变法，推行“裁减冗员”、“奖励军功”等等改革中的进步思想与政策都受管子思想影响。之后，秦灭六国，一统天下，秦始皇、李斯“以法治国”、“以吏为师”；汉初高祖、文帝、景帝的“重农桑，轻徭赋”，农业税由“十五税一”减到“三十税一”政策；贾谊、晁错的“贵粟宽商”思想，乃至桑弘羊的“盐铁官营”政策，亦受管子思想的启迪。这些既说明管子思想在这些历史时期流传之广，又说明其被人们的重视程度，更证实了管子思想符合时代要求的特性。

2. 晏婴与《晏子春秋》

晏子名婴，字平仲，今山东高密县人，生年不详，卒于齐景公四十八年（公元前500年）。

晏子处于春秋时代，做过齐国的相国，历事齐灵公、齐庄公、齐景公，是继管仲之后，齐国的名相，是我国古代杰出的政治家和外交家。

春秋时期是我国奴隶制瓦解和封建制出现的时代，诸侯崛起、风云变幻，国与国之间的关系纵横捭阖，国势此消彼长，变化频繁。晏子头脑机敏、语言犀利又幽默，原则性和灵活性相结合，在军事和外交场合，捍卫国格与国威。

晏子的兵家思想核心是“仁”。晏子非常推崇管仲的“欲修改以平时于天下”必须“始于爱民”。他坚持“意莫高于爱民，行莫厚于乐民”。遇有灾荒，国家不发粮救灾，他就将自家的粮食分给灾民救急，然后进谏君主要求赈灾，深得百姓爱戴。对外他则主张与邻国和平相处，不事挞伐。齐景公要伐鲁国，他劝景公“请礼鲁以息吾怨，遗其执，以明吾德”，景公“乃不伐鲁”。

《晏子春秋》是一部记叙晏婴思想、言行、事迹的书，也是我国最早的一部短篇言行集。相传是后人为晏婴所撰，现在一般认为是后人集其言行轶事而编成。书名始见于《史记·管晏列传》。

《晏子春秋》分内篇、外篇两部分，内篇分《谏上》、《谏下》、《问上》、《问下》、《杂上》、《杂下》六篇，外篇分上、下二篇。《谏上》、《谏下》主要记叙晏婴劝谏齐君的言行；《问上》、《问下》主要记叙君臣之间、卿士之间以及外交活动中的问答；《杂上》、《杂下》主要记叙有关晏婴其他各种事件。外篇二篇内容较为驳杂，与内篇六篇相通而又相别。各篇之间的内容既相对独立，又互有联系，甚至个别的还有互相矛盾之处。

3. 阖闾

阖闾（公元前514—前496年），又作阖庐，姬姓，吴氏，名光。《春秋》记其为吴王夷末之子，《左传》、《世本》、《史记》记其为吴王诸樊之子，故又称公子光。他是春秋时吴国第

24 任君主，活动于春秋末期，公元前 514 至前 496 年在位，部分史书认为其是“春秋五霸”之一。

公元前 515 年，因王位继承问题，公子光以庆贺吴王僚伐楚班师设宴招待为机，安排勇士专诸将剑藏在鱼腹中，趁上菜之机刺杀了吴王僚，这就是历史上著名的“专诸刺王僚”故事。公子光夺得吴国王位，史称吴王阖闾。

阖闾上任后即开始实施强国富民的振兴计划。他广泛搜罗人才，选贤举能，召伍子胥为行人，以伯嚭为大夫，共谋国事。经伍子胥推荐，阖闾亲自召见军事家孙武，孙武献出了自己的军事著作兵法 13 篇。当时正是吴国振兴霸业之机，阖闾读了很感兴趣，便拜孙武为将军。他还命令伍子胥选择都城地址，建造国都“阖闾大城”，并在全国推行一系列行之有效的鼓励政策，施恩行惠，大力发展农业生产，使吴国的综合国力迅速增强。

阖闾九年（公元前 506 年），吴王阖闾率师会蔡、唐之师伐楚，五战五捷，大败楚军，进入楚国国都郢（今湖北江陵西北）。翌年，越国君主允常率师进攻吴国，阖闾又亲自出征，大败越军。阖闾十一年（公元前 504 年），吴师再次伐楚，迫使楚国迁都于都（今湖北宜城东南）。从此，吴国威震各国。阖闾十九年（公元前 496 年），吴王阖闾兴师伐越，两军在槜李（今嘉兴南）交战，越大夫灵姑浮以戈击中阖闾，斩落阖闾大趾。阖闾被迫还师，死于陉，后葬于苏州虎丘山。

综观其一生，阖庐能够知人善任、励精图治，讲究斗争策略和艺术，使吴国在诸侯中称霸一时，尽管其也有残暴、狡猾的一面，但仍不失为一个颇有作为的政治家、军事家。

4. 伍子胥

伍子胥（公元前559—前484年），名员，字子胥，春秋时楚国人，春秋末期吴国大夫，军事家、谋略家。他的祖父伍举，因为侍奉楚庄王时刚直谏诤而显贵，所以他的后代子孙在楚国很有名气。

伍子胥自小性刚强，青少年时即好文习武，勇而多谋。周景王二十三年（公元前522年），因遭陷害，其父、兄为楚平王所杀，伍子胥被迫出逃吴国，发誓以后倾覆楚国，以报杀亲之仇。

入吴后，知公子光有大志，乃助其刺杀吴王僚，夺取王位，被赐为行人（掌朝觐聘问之官），与谋国政。辅佐吴王阖闾修法制以任贤能，奖农商以实仓廪，治城郭以设守备。又举荐深通兵学的孙武为将，选练兵士，操练军队，使吴国成为东南地区的强国。他根据吴国与周边各国的强弱形势及利害关系，与孙武制定先西破强楚，以解除对吴国之最大威胁，继而向南征服越国以除心腹之患的争霸方略。

周敬王八年（公元前512年），针对楚国众而不和、互相推诿的弱点，提出分吴军三部轮番击楚，为诱楚全军出战，施行“彼出则归，彼归则出”的策略，待楚军疲惫，再大举进攻。此后数年间，吴军连年扰楚，迫楚军被动应战，疲于奔命，实力大为削弱。吴国随即展开大举攻楚的准备，与跟楚国有矛盾的蔡、唐两国作为吴国的盟国，打开了楚国的北方门户，为之后避开楚军防守、正面实施突袭创造了条件。接着出兵攻越，给楚国造成吴国不会大举进攻的假象，并施反间于楚，使楚国不用知兵善战的子期，而用贪婪无能的子常为帅。周敬王十九年（公元前501年），与孙武等帮助阖闾统领大军沿淮水西进，由楚国防备薄弱的东北部实施纵深战略突袭，直捣楚国腹地，以灵活机动的战法，击败楚军主力于柏举，并展开追击，长驱攻入楚都郢，终于破楚成功。

由于怀有强烈的个人复仇愿望，伍子胥未能安抚楚国民心，激起楚国上下的反对，使吴军没有立足下来。阖闾死后，伍子胥继事其子吴王夫差。周敬王二十六年（公元前494年），吴、越夫椒之战，越国惨败，几乎亡国，夫差急于图霸中原，欲与越求和之时，伍子胥预见到两国未来不能共存，又洞察越王勾践图谋东山再起之心，力谏为消除隐患应乘势灭越，夫差不听。周敬王三十六年（公元前484年），伍子胥再劝夫差先灭越，以除心腹之患，又遭夫差拒绝。他知道夫差已被蒙蔽，吴国必为越国所破灭，为避祸而将子托于齐国鲍氏，反遭太宰伯嚭诬陷，被逼自杀。伍子胥死后十年，吴国被越所灭。

春秋末期吴国兴亡，伍子胥举足轻重。其治国用兵，以务实为宗旨，远见卓识，谋略不凡。《汉书·艺文志》著录兵书《伍子胥》十篇、图一卷，虽已亡佚，当证伍子胥生前有其军事著作。

5. 孙武与《孙子兵法》

孙武（约公元前545—前470年），字长卿，春秋末期齐国乐安（今山东惠民县）人，是中国古代著名军事家，军事理论的杰出奠基人，被后人尊称为孙子。他出身于齐国的一个贵族家庭，后因故流亡江南，经伍子肯举荐而效力于吴王阖闾。《史记·孙子吴起列传》说，阖闾“知孙子能用兵，卒以为将，西破强楚，入郢，北威齐晋，名显诸侯。孙子与有力焉”。

孙武的军事思想非常深厚，其对兵家文化的贡献主要表现在以下三个方面：

第一，治军有方。孙武带着他的兵法晋见吴王阖闾时，吴王想试其才干，便要求其将宫中女编队演练阵法。孙武把180名女子编为两队，任吴王宠爱的两位妃子为队长，并令所有的人都拿着戟，然后，孙武给她们规定动作，宣布纪律，并三令五申，开始击鼓发令。但宫女们一直不以为然，嘻嘻哈哈并不听令。孙武说：“规定不明确，约令不熟悉，这是将帅的罪过。”于是其再次申明规定，击鼓法令，宫女们又大笑。孙武说：“规定不明确，约令不熟悉那是将帅的罪过；但既然已经再三反复说明了，仍然不执行命令，那就是下级的罪过了。”于是下令斩左右队长。吴王从台上看见孙武要杀自己宠爱的妃子，大为惊骇，急忙传令说：“我已经知道将军善兵了，我离开这两个妃子连饭也吃不下，希望不要杀她们。”孙武说：“臣既然已经受命为将，将在军，军令有所不受。”于是便杀了两个队长示众，用另两名为队长，重新击鼓发令，此时宫女们的行为都合乎规定和要求，没有再敢出声的。孙武派人报告吴王说：“队伍已经训练整齐，王可以下来看看，任凭为王赴场蹈火。”但吴王却不愿下来。孙武说：“王只是爱好兵法的词句，并不能实际使用它。”阖闾被其言行所动，从此拜他为将。这件事反映出孙武严格治军的思想。

第二，战绩辉煌。孙武一生战绩辉煌，除了随吴王和伍子胥一起打败楚国，还带领吴军在吴越之战中取得胜利。公元前496年，越王允常去世，新王勾践继位，越国国内还未完全稳定。吴王阖闾觉得有机可乘，他不听孙武劝阻，在准备不足时就匆忙出兵，结果大败，自己也因伤重而丧命。在夫差继任吴王后，孙武和伍子胥一起整军备战，再次攻越。勾践领兵从水路进攻吴国，夫差则以十万精兵迎战。孙武和伍子胥夜里派兵在两翼举着火把助势攻击，夜幕中火光照亮了天空，向越军包围过来，加上喊杀声，致使越军心动摇，在吴军的猛攻下全线溃败，勾践退守到会稽山，最后只得向吴求和。

第三，兵法传世。孙武不仅有战功卓著的军事实践，而且有博大精深的军事理论。他所著的兵法13篇完整地流传了下来，后人将其定名为《孙子兵法》。这是我国现存最早的一部兵书，也是享誉世界的一部军事名著。它全面总结了春秋时期及之前的战争经验，分析、论述了许多作战原理，提出了军事上许多杰出的命题，揭示了认识和指导战争的普遍性规律，内容丰富，认识精辟，不仅对当时的战争有十分现实的指导意义，而且还深远地影响了后世乃至当今的军事思想。古往今来，中外的许多军事家都把《孙子兵法》奉为圭臬，加以研究，并把孙武看成是兵学的圣人而以崇拜。

《孙子兵法》共约6000余字，文字通畅达练，内容博大精深，探理细微，词约义丰，结构严谨，逻辑缜密。全书阐明了孙武对待战争的基本看法，详述了任将治兵的思想，战略战术原则等，全书充溢着兵家唯物辨证法思想。明代茅元仪在《武备志》中说："前孙子者，孙子不遗，后孙子者，不能遣孙子。"道出了《孙子兵法》在2000多年封建社会兵家史上的地位和作用。

6. 范蠡

范蠡（生卒年月不详），楚国宛（今河南南阳）人，春秋末期军事谋略家、政治家。

为了联越抗吴，减轻吴国对楚国的压力，楚国派范蠡出使越国。因范蠡很有才能，受到越王勾践的重用，而后便一直留在了越国。

范蠡是一位具有战略眼光的军事谋略家，勾践灭吴以弱胜强，范蠡做出了很大贡献。他主张抓住战机，不打无把握之仗；善于吸取敌我双方的历史教训，不让敌人死灰复燃，留有后患；强调强盛时应戒骄，衰弱时要图治。

公元前494年，越国在夫椒（今江苏苏州西南）被吴国打败，勾践后悔不听范蠡之言，因此向范蠡请教。范蠡提出了暂时屈辱求和的政策，先求和，然后再谋求兴国。

勾践战败后的第七年，勾践见越国百姓困苦，想出兵报仇，但范蠡认为时机不到。又过一年，吴王夫差听信谗言，赐剑让大臣伍子胥自尽，勾践觉得时机已到，而范蠡却说："人事至矣，天未应也。"让勾践耐心等待。公元前482年，夫差想称霸中原，只留一万老弱兵卒驻守都城。范蠡认为攻吴时机已经成熟，便和勾践一起率军进攻，直袭姑苏，吴军大败。公元前478年，勾践又进攻吴国，经过十年恢复，越国国力强盛，所以此次交战，越军在笠泽歼灭了吴军主力，并围困姑苏达三年之久。之后，吴师自溃，范蠡力阻求和，直接率兵进攻姑苏，灭了吴国。

灭吴之后，越王勾践封范蠡为上将军。范蠡认为越王勾践可以共患难，但不可共享乐，因此脱下官袍，出走不返。

7. 司马穰苴与《司马法》

司马穰苴（生卒年月不详），姓田，名穰苴，因任司马之官，所以又称司马穰苴，春秋时齐国大夫、军事家。

司马穰苴精通兵法，善于用兵，在他率兵抵御燕、晋入侵时，杀监军，震三军，一扫齐军过去萎靡风气，军容大振，战斗力显著提高。作战中，他关心下属，亲自安排军队食宿，慰问有病的士卒。他还将自己的食物拿出来与士卒分享，和大家同甘共苦。这样，将士们都愿意为他效力，就连那些生病的士卒也纷纷要求参加战斗，杀敌立功，晋、燕之军感到齐军锐不可当，不战而退。于是穰苴率军乘胜猛追，收复下被占的全部国土，胜利返师。齐景公拜穰苴为大司马，掌管全国军事。

《司马法》原是战国时齐威王命大夫整理的古司马兵法，因同时把穰苴的兵法附在里面，所以又称《司马穰苴兵法》。因此，《司马法》中也体现了司马穰苴的军事思想。这本书成书于战国中期，总结了夏、商、周三代的军事制度和战争经验，论述了古代的战争准备、战争指导、战场指挥、兵种部署、兵器配备、地点、时间的选择、间谍的使用、军人心理以及治军方法等问题。它的一些思想，至今仍有现实意义。

《司马法》的军事思想概括起来主要有三点：

（1）“以战止战”的战争观

对于能够“安人”、“爱其民”和制止侵略的战争，《司马法》持肯定和支持的态度。它说：“杀人安人，杀之可也；攻其国，爱其民，攻之可也；以战去战，虽战可也。”这一观点从战争的目的出发去分析战争，涉及到了战争的性质，包含着朴素的辩证观点，具有进步的意义。它还指出：“国虽大，好战必亡；天下虽安，忘战必危。”一方面说明战争是危险的事情，只有在不得已的情况才能用它讨伐暴虐，挽救危乱，反对统治者仗恃国势强盛而穷兵黩武；另一方面又提醒人们和平是暂时的，必须居安思危，加强战备。

（2）“以仁为本”的治军原则

《司马法》主张治军要“以仁为本”。所谓“仁”，就是治军要达到“力同而意和”，使军队内部力量一致，思想统一，相互团结。因此，《司马法》对将帅提出“虑多成，则人服”的要求，将帅谋划的事多数成功，那么就会受到部下的衷心拥护和服从。同时，将帅要“见敌静，见乱暇，见危难勿忘其众”。将帅要临危不乱，沉着应变，在危难时刻不要忘记部下；将帅还应该“胜则与众分善”，“若使不胜，取过在己”。它还指出：“凡胜，三军一人胜。”战争的胜利是全军上下团结一致奋斗得来的，一定要注意克服影响内部团结的消极因素。《司马法》还说：“居国和，在军法，刃上察。”平时国内上下安定，战时军中执法公平，人们就会锐意进取，因此才有把握赢得战争的胜利。

（3）“变嫌推疑”的战备思想

在战备上，《司马法》主张先行“五虑”，即它认为顺应天时、多储备物资、取悦众心、利用地形、重视武器装备这五件事是应及早谋划的。“凡战，有天，有财，有善。”就是说，所有的战争准备，要掌握自然及人为的变化情况，要有充足的物资，将士要有旺盛的斗志和高贵的士气。同时还要做到“方虑极物，变嫌推疑，养力索巧，因心之动”，即要有深远的计谋，使物资器材发挥最大的效能，辨明是非来排除国人疑虑，让百姓养精蓄锐，以便贡献他们的智慧，从而使战争符合百姓的心愿。可见《司马法》已注意到人心向背的问题，并把它作为赢得战争的一个重要条件，这是非常了不起的。

8. 吴起与《吴子兵法》

吴起（约公元前440—前381年），卫国左民（今山东省曹县西北）人，战国初期著名的军事家、政治家。他出身于富裕家庭，勤奋学习，后弃文习武，精通韬略。他曾在鲁国做到将军，又在魏国为西河守（西河的军政长官，西河即今陕西东部黄河西岸地区）。之后他又到楚国，辅佐楚悼王变法，任楚令尹，在悼王死后，遭到旧贵族的残忍杀害。

吴起是一代将才，久经沙场，有丰富的战争经验和卓越的军事指挥才能。他治军严谨，能和士卒同甘共苦，因善于用兵，和孙武并称“孙吴”。他在魏国创建劲旅“武卒”，天下无敌。

公元前412年，鲁国遭到齐军进攻，吴起被任命为将军，面对强敌，他采用避其锋芒的战术，以老弱之卒驻守中军麻痹敌人，然后乘其懈怠，率领精锐之师，一举击溃齐军。之后，吴起离鲁去魏，任魏国将军。公元前409至408年，吴起两度率师讨秦，一连攻下五座城池，夺回西河地区；接着，又乘胜进军，灭中山国。因其战功卓著，受命镇守西河。在之后的23年里，吴起“内修文德，外治武备”，使魏国的势力得到发展，先后“与诸侯大战七十六，全胜六十四”，“辟土四面，拓地千里，皆起之功也”。在楚国担任令尹期间，吴起十分重视军队建设，取得了“南平百越，北并陈、蔡、却三晋，西伐秦”的辉煌战绩。

吴起在担任楚国令尹期间，还进行了政治、军事方面的改革。他的改革中心，是从政治上、经济上打击、限制旧贵族的特权，裁减冗员，削减疏远贵族的俸禄，用以建设军队，旨在强兵。经过吴起变法，楚国日渐富强起来。但是，吴起的变法，主张废除贵族特权，强令他们去垦荒，必然惹起贵族的忌恨。因此，楚悼王一死，贵族们立即反扑，用箭射杀了吴起。

吴起著有《吴子兵法》48 篇，亦称《吴子》、《吴起兵法》，其书与《孙子兵法》并称，是一部很有影响的兵书，在战国时“藏孙吴之书者家有之”。司马迁曾高度评价吴起的军事业绩，称“世俗所称师旅，皆道孙子十三篇、吴起兵法。世多有，故弗论。论其行事所施设者”。在汉代，《吴子兵法》成为武将攻修的主要课程。宋代元丰年间（公元 1078—1085 年），其被朝廷定为《武经七书》之一，是武科的主要教材。近代，梁启超评论说：“吴起为我国第一流名将。”《吴子兵法》也为世界军事界所重视，有英、日、法、俄等多种语言的译本。

《吴子兵法》论军论政兼而有之，阐明了吴起的文德与武备兼重的战略思想。书中囊括了“以治为胜”、“教戒为先”的治军思想，“审敌虚实”、“因形用权”的作战指导原则，以及吴起对孙武军事思想的继承和发展。

(1)“内修文德”、“外治武备”的安国之道

为了达到富国强兵的目的，吴起提出了“内修文德，外治武备”的思想。“文德”，具有特定的含义，是一个政治概念，吴起认为“文德”的基础和核心，“必先教百姓而亲万民”，达到“四和”——和于国、和于军、和军阵、和于战。否则，如果万民不教，百姓不亲，出现“四不和”，“不和于国，不可以出军；不和于军，不可以出阵；不和于阵，不可以进战；不和于战，不可以决胜”，其后果则将是其国不治，其军不兴，那么富国强兵自然是一句空话。因此，吴起指出：“先和而造大事。”从这些主张可以清楚地看到，“内修文德”的内核体现了一个“和”字。至于如何“修文德”，吴起主张，必须要用“道、义、礼、仁”四德引导和鞭策万民。要用“道”去引导，用

“义”去激励，用“礼”去约束，用“仁”去爱抚。此四德，“修之则兴，废之则衰”。“内修文德”是吴起为魏文侯图强以治所筹划的施政纲领。

在他提出“内修文德”的同时，又提出了“外治武备”，把政治与军事二者结合起来。吴起强调既不要“恃众好勇”，轻率用兵好战，又不要“修德”而“废武”忘战。他提出了忘战必危，好战必亡的慎战思想，这在他之前无任何人提及。吴起的“外治武备”同“内修文德”一样，是有实际内容的，他不是着眼于兵器的制造和装备上，而是首先注意掌握兵器和装备使用的人，因此，他提出要“简募良才”，“聚卒练锐”，建立一支精锐部队。但是，要实现这一目标，吴起认为还要有一个严格的募选标准和制度，他引用楚庄王的话说：“世不绝圣，回不乏贤。”要使“贤者居上，不肖者处下”，自然可以“良材”毕至，“练锐”云集。吴起强调“外治武备”，有着重要的战略意义，以战略攻守寓武备于其间。他说：“外治武备”，“内可以决围，外入可以屠城”。“内可以决围”就是战略上和战术上的“守”，“守”即是“戒”，“戒”就是备敌，一旦敌人犯境围城，依靠严整的武备去击溃它，以保卫国家的安全。所以，“武备”对于地处要冲的魏国来说尤为重要。“外入可以屠城”，这是战略和战术上的攻。“攻”是战国时期政治反映在军事上的特点。

(2)“以治为胜”、“教戒为先”的治军思想

吴起认为，军队“不在众寡”，“以治为胜”。军队驻扎时要守纪律，行动时要很威武，进攻时敌人不可挡，撤退时敌追不及；前进后退有秩序，左右移动听指挥，队伍虽被隔断，却

阵势不乱，队形虽被冲散，但能恢复行列；将帅士卒同安共危，和衷共济不分散，能用于作战而不知疲惫。这样的军队不论到哪里战斗，任何敌人都不能抵挡。要建立这样的军队，他主张“明法审令”，“赏罚”治军。吴起提倡的建议同孙武一样，都是建立在爱兵基础上的。他强调对士卒“爱其命，惜其死”。司马迁在《史记·孙子吴起列传》中曾做过这样的描述：“起之为将，与士卒最下者同衣食，卧不设席，行不骑乘，亲裹赢粮，与士卒分劳苦，卒有病疽者，起为吮之。”吴起认为，只有这样才能“发号布令而人乐闻，兴师动众而人乐战，交兵接刃而人乐死”。《战国策·齐策》中这样评价吴起：“食人炊骨，士无反北之心，是孙膑、吴起之兵也”，“有提七万之众，而天下莫当者谁？曰吴起也”。

吴起的治军思想，除了强调从精神上进行管束并调动士卒积极性外，还强调进行严格的训练，他认为：“用兵之法，教戒为先。”所以他指出：“夫人常死其所不能，败其所不便。”意思是说将士常常由于没有打仗的本领而战死，军队往往由于战法的不灵活而战败，因此军队要想所向披靡，“横行天下”，没有严格的军事训练是不行的，训练的方法主要有两点：“学战之战”和“教战之令”。

“学战之战”的训练内容及要求为：掌握以近待远、以逸待劳、以饱待饥的基本原则，同时灵活运用阵法变换，等到各种战斗队形变换都能自如掌握，才能授予士卒兵器，出征打仗。

“教战之令”指教练作战的方法规定，身材矮小的使用矛、戟，个头高大的使用弓、弩，身强力壮的扛军旗，作战勇敢的操金鼓，体质较弱的做杂役，多智多谋的当谋士。同乡的编制在一起，彼此什伍相保。第一次击鼓检查整理兵器，第二次击鼓练习阵法，第三次击鼓迅速吃饭，第四次击鼓整顿军容，第五次击鼓排好队列。听到鼓声齐鸣，然后举令旗，军队开始行动。

“学战之法”、“教战之令”，综合起来讲就是从士卒单兵训练到整体训练，从技术训练到组织训练，然后到编制编成，形成一整套训练体系，这在当时具有一定的普遍意义。

（3）以“五慎”、“四机”为核心的将帅培养主张

治军主要是将帅的事，自古有“良将”才有“精兵”，吴起十分强调将帅在治军和战争中的地位和作用。他在《论将》篇中讲，为将必须“总文武”，“兼刚柔”。他要求将帅治军、作战要做到“五慎”，掌握“四机”。

“五慎”，即“理”、“备”、“果”、“戒”、“约”。“理”，就是要求将帅治理人数众多同治理人数较少一样有条理；“备”，就是将帅要求军队一出动，就应如同见到敌人那样保持高度的戒备；“果”，就是指挥军队与敌作战不考虑个人安危，不动摇战斗决心；“戒”，就是作战获胜后同战斗开始时一样始终警戒如一；“约”，就是下达命令简明扼要而不烦琐。

“四机”，即“气机”、“地机”、“事机”、“力机”。“气机”，指士气，要求将帅适时地掌握全军上下士气的盛衰；“地机”，指利用地形，要求将帅指挥车队作战时，善于利用道路险阻、名山要塞等复杂地形；“事机”，指运用谋略，要求将帅善于派遣间谍离间敌人，施放精干分队骚扰并迷惑敌人，分散其兵力，使敌国君臣互相埋怨，三军上下相互责怪；“力机”，指提高战斗力，要求将帅指挥军队做到战车坚固，战舰橹桨轻便，

士卒熟练阵法，战马驰骋追逐。

吴起认为具备上述条件者才是“良将”，治军强作战则必胜。

吴起的治军思想，对于促进当时魏国军队的发展和强盛有着直接的关系。

（4）“审敌虚实”、“因形用权”的作战指导原则

吴起在作战方法主张在未战之前先估量敌情，探明敌情虚实，注重机动灵活，根据战争及作战、战场形势的变化，适时采取不同的谋略和决策，形成一整套的作战指导原则。

魏国地处“六国四守，势甚不便”的战略态势，吴起首先从六国形势出发，指出了六国战阵的不同特点是由各国政治、民俗、地理条件所决定的，并进一步指出了各国人的性格特点、国君的施政特点，兵力分布特点、将领指挥特点、军队特点等。

对于敌情，吴起指出可战的八种敌军是：对于时逢狂风严寒，昼夜兼程行军，砍木造筏渡河，士卒劳倦的敌军；对于盛夏酷暑，行动没有节制，既饥又渴，尚要驱向远程行进的敌军；对于旷日持久，曝师于外，粮食殆尽，士卒怨声载道，上不能制下的敌军；对于军需匮乏，柴草饲料耗竭，又逢霖雨，无处猎获的敌军；对于兵力甚少，水土不服，地势不利，人马患病，四邻无援的敌军；对于道远日暮，士卒疲劳，饥囤交加，解甲休息的敌军；对于没有威信、无统御能力的将帅，而造成军心摇动，三军又数遭惊扰，缺乏援军的敌军；对于行阵未定，宿营未毕，还在爬坡涉险的敌军；“击之勿疑”。

不可战的六种敌军是：对于土地广袤，人众富饶的敌军；对于上爱其下，惠施流布的敌军；对于有攻必赏，有罪必罚，

赏刑适时的敌军；对于善于奖掖战功，任贤使能的敌军；对于兵多将广，装备精良的敌军；对于有邻国资助，大国支持的敌军；“避之勿疑”。

对于“两军相望，不知其将”的情况，吴起认为，先派遣勇敢的下级将领，率轻兵锐卒试击敌军，只许佯败，不能取胜，从中观察敌人的动静虚实。其目的是查明敌军强弱，攻击它的弱点。他进一步指出，“审敌虚实而趋其危”，不仅可以以众击寡，以强击弱，而且可以“以一击十”、“以半击倍”，制敌以死命，奇取战争和战斗的胜利。

吴起“审敌虚实”、“因形用权”的作战指导原则，从宏观到微观，从整体到局部，从战略到战术，从敌国到敌情，从敌军到敌将，无一不涉及，形成了一个完整的体系，不仅在当时有着很大的积极作用，即使今天也有着一定的启迪和指导意义。

9. 孙膑与《孙膑兵法》

孙膑（生卒年月不详），战国时期齐国人，著名军事家，孙武后裔，约活动于公元前380年至前320年。相传他曾与庞涓同拜鬼谷子为师学习兵法。孙膑谦虚好学，刻苦钻研，才智过人，精通《孙子兵法》。后来，庞涓任魏惠王将军，嫉贤妒能，自知才干不及孙膑，恐孙膑日后胜过自己，便设法诱骗孙膑至魏国，借故施以膑刑割去膝盖骨，故称其为孙膑。

孙膑被处以膑刑之后，并未消沉。当齐国的一位使臣来到魏国时，他偷偷前去游说，终于被这位使臣藏在车中带回齐国，并得到齐将田忌的器重。在一次田忌跟齐威王和王族们赛马的时候，孙膑教授田忌巧事策略结果赢得了齐王的千金赌注，田忌因此把孙膑推荐给了齐威王。之后，齐威王重用孙膑，任其为军师。

孙膑在军事实践中显示了卓越的指挥才能，屡获胜利，其中最著名的是指挥齐军两次大破魏军：一次是公元前 353 年齐魏争雄的桂陵之战，孙膑在作战中，运用避实击虚、攻其必救的原则，创造了军事史上著名的“围魏救赵”战法，打了一场有计划的截击战，使庞涓的军队一败涂地。另一次是在公元前 341 年齐国援韩攻魏的马陵之战中，孙膑采用减灶示弱、诱敌深入之计，设伏围歼魏军，迫使庞涓自杀。齐军两次大败魏军，致使魏国国势日趋衰落，齐国声威大震，孙膑也由此名显天下。

孙膑不仅在作战指挥实践中创造了诸多军事史上的著名战法而为后世提供了典范，而且他还认真从事军事理论的研究。关于孙膑所著兵法之书，很早就有著录，《汉书・艺文志》云：“《齐孙子》，八十九篇，图四卷。”其后失传。1972 年在山东临沂银雀山汉墓中，发现了一批孙膑论兵的竹简，经过整理、注释、编纂为《孙膑兵法》。竹简共 364 枚，11000 余字，分上、下两编，共 15 篇。

《孙膑兵法》继承了孙武等人的军事思想，总结了战国时期及其以前的战争经验，在战争观、军队建设和作战指导上都提出了若干有价值的观点和原则。《孙膑兵法》顺应了历史发展的潮流，适应了新兴地主阶级政治和军事的需要，为封建统一战争提供了有效的军事理论武器，具有鲜明的时代特色，为我国兵家理论宝库增添了极其丰富和宝贵的内容。

（1）“战胜而强立”、“乐兵者亡”的战争观

孙膑认为，战争是不可避免的，从古至今，国家的确立和政权的巩固都是采取战争的手段而达到的。因此，他得出结论——“战胜而强立”。这和孙武的思想是一致的，但比孙武说的更透剔、明了，反映了时代特点，“以兵争天下”是战国的社会历史特征。

孙膑运用朴素的历史唯物论和辩证法观点来解释战争，隐约看出军事斗争是完成政治斗争、建立政权的手段。他的“战胜而强立，故天下服矣”的思想是独树一帜的。

孙膑主张用战争的方式夺取胜利，但决不是“乐兵好战”，他反对那种不注意客观条件，而轻率用兵的行为，认为这样必然要遭到战争的失败和耻辱，“乐兵者亡，而胜利者辱。”他还说：“兵非所乐也，而胜非所利也。”因此，孙膑强调对战争要持慎重态度，迫不得已而战，要“事备而后动”。这里他强调两点，要“有委”、“有义”。“有委”，就是要有充分的物质、物资贮备。孙膑认为，只有“以万物之胜胜万物”，以“一形之胜胜万形，不可”。在某种意义上来说，没有一定的物质条件做基础，仅靠人力和武器是无法奏效的。“有义”，就是要有进行战争的正当理由。“义”是有阶级性的，不同阶级有不同的政治涵义。吴起认为“禁暴救乱曰义”，他是为魏武侯变法图强而治国治军的，是为齐威王“强立”而献策的。孙膑所谓的“有义”，属于新兴地主阶级的政治范畴、政治标准，所以孙膑说，兵力很少，战斗力很强，这是因为战争有正义性。

孙膑的“战胜而强立”、“举兵绳之”，以及所阐述的“乐

兵者亡”，反映了其战争观的进步性。他深刻地阐明了在进行战争过程中，所应具备的经济、政治条件，同时指明并告诫指导战争的统治者，对战争要采取慎重的态度。

（2）“篡贤取良”、“赏罚严明”的治军思想

在孙膑看来，军队重要的是“德行”，因此，他说“德行者，兵之厚积也”。“德行”属于道德观念范畴，所谓军队的“德行”是指军队的政治素质和作风，它包括“义”、“仁”、“德”、“信”等条件，具备了这些，就是有“德行”的军队，有“德行”的才能“忠王”，“不忠于王，不敢用其兵”。孙膑主张建立一支有“德行”的军队，使之成为齐国在进行封建统一的兼并战争中的一支强大的武装力量。

孙膑治军把培养军队的政治素质放在首位，这是他的一大贡献。同时，他也没有忽视对军队组成的选择，选择的主要对象有二：一是士卒，一是将帅。他指出，军队的胜利在于选卒，要按照是否有才能的标准，招募士卒，这样筛选出来的兵才能“制天下”。孙膑采取按地方行政系统编组和训练军队，使齐军迅速成为一支以善于“技击”闻名战国的“强兵”。

孙膑在治军上更注意对将帅的选拔和任用，他主张将帅的擢用，要反复衡量，采取“权衡”的办法，进行选贤取良。在他的兵法中，专门有《将义》、《将德》、《将败》、《将失》等四篇论及将帅修养、条件及应克服的缺陷和过失。他指出，作为一个将帅，除了政治上“忠王”之外，还应具备义、仁、德、信等条件，克服妄自逞能、骄傲、贪图名位和财物、轻率、迟钝、优柔寡断、缺乏勇气等品德上的缺陷，以及克服对军队调理失当、命令反复无常、侥幸心理等32种将帅才能上的过失。

在孙膑看来，将帅除应克服上述缺陷和过失外，还必须做到“上知天之理，下知地之理，内得其民心，外知其敌之情”。孙膑这样不别亲疏、注重贤能的任将思想，实在难能可贵。

孙膑和孙武、吴起在治军方面的一个共同的原则，都是强调赏罚治军。他认为军队的勇敢在于赏罚严明。实施赏罚，能使军队建立起威信，激发战斗力。平时将帅对士卒赏罚得当，战时士卒便能够跟从命令，英勇杀敌。孙膑认为，赏罚时要做到不管是什么人，要都做到执行坚决、及时，做到“赏不逾日，罚不还面”等等，这些都体现出了孙膑治军思想的严肃性和进步性。

（3）“必攻不守”、“以弱胜强”的战略思想

孙膑认为用兵最紧要的是“必攻不守”，这是一个战略问题。“必攻不守”，不是狭义上的进攻和防守，而是指战略上采取攻势，而不是守势，要进取不要萎靡，要有为不要无为。体现在战略目的上，就是要保存自己，消灭敌人的主要力量，这些作为战争的出发点和归宿。只有消灭敌人，才能取得真正的胜利。换言之，只有消灭敌国，才能最终实现统一。

当时实施“必攻不守”的战略，又牵涉到以弱击强的问题。因为齐威王即位时国势较弱，孙膑针对这种情况指出，以寡胜众，以弱胜强，首先在于“料敌”，在于“料敌”之后，分人之兵，按人之兵，并最后攻破它。他进一步指出，能分人之兵，按人之兵，就像用镒称铢一样而有余力；相反，即使有数倍的兵力也是无济于事的。

孙膑“必攻不守”和“以弱胜强”的战略思想，在战国中名噪一时，有着深远的影响。

（4）“批亢捣虚”、“攻其必救”的战术思想

孙膑的战术思想极为丰厚，既有不同兵力对比情况下的战术运用，又有不同地形条件下的战术运用；既有攻城战术，又有布阵战术。然而，最有代表性、融各种战术特点于其间，并为历代兵家所颂扬的，当属“批亢捣虚”、“攻其必救”的战术。

这两个战术思想主要体现在《擒庞涓》和《陈忌问垒》两篇中。《擒庞涓》记述的是桂陵之战，《陈忌问垒》阐发的是马陵之战。这两次作战系统地反映了孙膑战术思想的基本内容。

在桂陵之战中，齐军面对魏军先发制人的行动，孙膑审时度势，通观全局，根据当时情况，提出解乱丝不能整团地抓住去拉，劝解打架不要在相持很紧的时候去劝和，要避实就虚，掌握形势，赵国的围困即可解除。因此，孙膑主张南攻平陵，这样可以直接威胁到魏国大梁。孙膑的策略果然调动了魏军，他又顺势“分兵而从之，示之寡”，致使魏军无所顾忌，兼程追击。于是孙膑又在桂陵设下埋伏，魏军一到，便突然发起强攻，大败魏军，赢得了桂陵之战。

马陵之战也属这种战术形式。桂陵之战后13年，即公元前341年，魏与赵攻韩，韩告急于齐，齐派田忌、孙膑救韩。孙膑根据魏军“悍勇而轻齐”的特点，认为对于这种骄敌，最好的办法是避其锋芒，使之更加骄傲，进而引诱调动，迫其陷入疲惫之中。于是，孙膑沿用故法，“直走大梁，魏将庞涓闻之，去韩而归”。然后，孙膑采取减灶示弱的办法，使庞涓做出了错误的判断，认为齐军无力还击，故只率一部轻兵追击。孙膑在马陵设下伏兵，等庞涓赶至后即刻陷入圈套。一场鏖战，大败魏

军，庞涓也死于此战。

桂陵之战、马陵之战，孙膑在战术上充分利用“批亢捣虚”、“攻其必救”的战法，大获全胜，贵在孙膑“料敌计险”，造成必战之势，调动敌人于运动之中，乘隙进行不意的攻势。

10. 商鞅与《商君书》

商鞅（公元前390—前338年），复姓公孙，名鞅，战国中期著名的政治家、军事家。

商鞅出身于卫国贵族，早年做魏相公孙痤的家臣。公元前361年入秦，得秦孝公重用，“变法修刑，内务耕稼，外劝战死之赏罚”。商鞅在秦国执政近20年，使秦国一跃成为当时民富国强的国家，为秦国日后统一六国奠定了坚实的基础。商鞅因功被封于商邑，称商君，故又称商鞅。秦孝公死，惠文王立，有人告其“欲反”之，惠文王遂派人捕杀了他。

《商君书》也称《商子》，现存24篇，是战国时商鞅及其后学的著作汇编。书中的大多数篇章都涉及军事，其主要的军事思想可以概括为以下四个方面：

一是积极主张战争。它认为战国时代是武力征伐的时代，“万乘莫不战，千乘莫不守”。在这个特殊的历史条件下，战争直接关系到国家的生死存亡，要立足天下，称王称霸，就必须从事战争，“国之所以兴者，农战也”。书中反对所谓“非兵”、“羞战”的论调，明确肯定战争的合理性和必要性。

二是农战结合。书中认为，农耕为攻战之本，因为农业生产不仅为战争提供物质基础，而且人民致力于农耕，才会安土重居，从而为保卫国土而战。农、战结合才能使国富兵强。

三是重刑厚赏，以法治军。书中认为通过刑、赏来营造人民“乐战”的风气，“民闻战而相贺也，起居饮食所歌谣者，战也”。

四是提出了一些具体的战略、战术。书中主张明察敌情，量力而行，权宜机变，灵活主动；强调用兵作战要“谨”，反对盲动，注重士气在作战中的作用。他来在《兵守》篇中探讨了守城防御作战的原则和方法。

当然，《商君书》的军事思想必然带有时代和阶级的局限性。它鼓吹好战，将战争抬高到压倒一切的地位，以为战争可以解决一切问题，这显然是片面的。至于“能胜强敌者，必先胜其民”的观点，则反映了它与广大人民群众尖锐对立的阶级立场。

11. 尉缭与《尉缭子》

尉缭（生卒年月不详），魏国大梁（今河南开封）人，入秦游说，被秦王政任命为国尉，所以称尉缭，战国后期军事家。

他帮助秦王出谋划策，主张用金钱收买六国权臣，打乱了六国的部署，从而统一了六国。

《尉缭子》是尉缭的著作。《尉缭子》现存24篇，万余字，内容涉及战争观、治军、用谋、具体战术等方面，论述颇精辟，这些观点在现在看来也很有价值。

《尉缭子》内容比较博杂，确如清代朱墉所说：“引古谈今，学问博恰。”但就其军事思想来说，主要包括三个方面：

（1）“尽人事”的“人和”思想

尉缭主张不要依仗天官时日，要“尽乎人事”，即发挥人的积极作用。他借用黄帝的话加以论证，黄帝说：“先神先鬼，先稽我智。”意思是说去求神求鬼，不如先考查自己的智能。他的观点很清楚，即既不要向“天官时日阴阳向背”求助，也不要寄希望于鬼神，同时，也不能乞法于古人，求救于来世，而是要立足于现实和自己的才智。因此，他申明说，“求己”就在于发现人才，重用人才，“举贤任能”。国之治乱，军之胜负，关键在于人，在于人的作用能否得到正确的发挥。齐桓公、吴起、孙武，他们本身都是贤能的雄杰之士，而且又能举贤任能、群策群力，使国家大治，军队大治，充分体现了“尽人事”的“人和”作用。在军事行动过程中，不论采取哪一种方式取胜，最终的实践者都是从事于战争是士卒。士卒们能取得胜利，是因为士气。所以说，善用兵者，能够统一大家的意志，众心归一，众志成城，是“人和”的缘故。所以，战斗起来将帅使令，士卒拼死，如同一人一样。

尉缭“尽人事”的“人和”思想，是对唯心主义“天时”军事思想的有力批判，是唯物主义和求实精神的结合。

（2）“兵胜于朝廷”的治军治本思想

《尉缭子·兵谈第二》中指出，“战胜于外，备主于内，胜备相应”，“兵胜于朝廷”，就是说，兵战胜于外，是由于内部有准备，二者的有机统一，关键还在于朝廷政治决策的正确，才能取得胜利。对于朝廷政治决策正确的标准，尉缭提出了两条：一个是能使“国富”，二是能使“国治”。这就反映出了治军在于治本，本治才有助于兵治的思想。

关于治军治本，尉缭提出“农战”思想。他认为，发展生产，使“野充粟多”，才能“安民怀远，外无天下之难，内无暴乱之事”。尉缭把“农”与“战”的关系和重要性做了一个形象的阐述，他说，土地是养活人民的，城池是用来守卫土地的，打仗是为保卫城池的。因此努力发展生产，人民就不饥困；注重城池的守备，就不会有失地的危险；积极搞好战备，城池就不会被围困。足见“农”与“战”相辅而相成。但是，“农”是富国的基础，“战”的条件只有“民众而制”，因此朝廷需要健全一系列制度。朝廷只要号令严明，法制缜密，就能使士卒勇往直前；明赏于前，施罚于后，这样出兵就能获利，进击就能立功。

尉缭同历代兵家一样，都主张以法治军，强调执法严明。在尉缭看来，严明赏罚，不仅可以使士卒听命，而且也是禁止奸诈邪恶的办法。他还主张“刑上究”，“赏下流”，“杀之贵大，赏之贵小”，如此赏罚才能真正起到它应有的作用。这样做，才能使军队整齐统一，士兵才能英勇作战，敢越高山，敢涉深水，敢攻坚阵，做到“天下其能当其战”。

尉缭的治军思想，用五个要素概括：“委积不多，则士不行。赏禄不厚，则民不劝。武士不选，则众不强。备用不便，则力不壮。刑赏不中，则众不畏。”但是要做到这些，关键是首先由朝廷来实施。尉缭第一次把治军提高到了战略的高度。

（3）“权敌审将而后举兵”的必胜作战原则

尉缭在作战指导原则上，主张“权敌审将而后举兵”。“权敌”就是衡量敌人，摸清敌人的情况。这就要求在作战之前，必须对敌人的情况有一个明确的了解，根据敌情，适当地运用兵力，才能有的放矢，战则必胜。相反，如果贸然出兵，是没有一个不失败的。尉缭认为，能够查清敌情，然后因敌采取行动，是以实击虚、战胜敌人的最好办法。但是，他又认为“权敌”通常是将帅的事情，因此，战争的胜负与将帅有着直接的关系。正因为如此，尉缭认为必须“审将”，要重视将帅的选用。

选用将帅，首先要重视个性修养，要有将者之风，要心胸阔达，不能一激就怒；品德要清廉，不能贪图钱财。尉缭认为将帅最重要的是无私无畏，赤心为国；出生入死，以身作则。在指挥意志上，上不受天的影响，下不受地形的限制，中不受国君的掣肘。战争开始，将帅全权统帅大军，“如狼如虎，如风如雨，如雷如霆，震震冥冥，天下皆惊”。

将帅除了个人修养外，还必须具备将才，这需要具备十二事，诫备十二事。应具备的十二事是：不轻易改变决定、给人恩惠在于适时、机谋在于适应事物的变化、打仗在于激励士气、进攻在于出敌意外、防守在于隐蔽自己的力量、不犯错误在于掌握处理事物的分寸、不陷入困境在于事先有准备、谨慎在于警惕小事情上犯过失、智慧在于能治理大事、除奸害在于敢斩决坏人、得人心在于谦虚待人。应诫备的十二事是：后悔在于狐疑失机、罪孽在于肆意屠杀、办事不公正在于私心重、不吉祥在于听到自己的过失、挥霍无度在于耗尽民财、不明事理在于受人离间、劳而无功在于轻举忘动、见识浅陋在于脱离贤能的人、惹祸在于贪图财利、招害在于亲近坏人、丧失土地在于没有认真防守、危险在于没有严明的号令。

12. 赵武灵王

赵武灵王（约公元前340—前295年），是战国时期赵国的君主，一位有作为的政治家、军事家。他积极改革军事、提高和加强了国防力量，使赵国一度成为军事强国。

公元前325年，赵武灵王即位，此时适逢战国中期诸侯各国逐鹿中原，进行剧烈的兼并战争之际。当时赵国虽经赵武灵王先辈的苦心经营，国力不小，但与其他诸国相比，仍属弱国，所以屡遭强国欺凌，败于秦、齐等强国的兵马之下，在北方、东方的大部分边界又与胡人部族相邻。在这严峻的现实面前，这位年轻而又有远大抱负的君主感到，要使赵国在激烈的兼并战争中不被其他强国所吞并，并日益强盛起来，就不能因循守旧。为此，赵武灵王决心对传统的作战服装、笨重的盔甲进行改革。

公元前302年赵武灵王开始实行“胡服骑射”，采用骑兵作战的方式。他力排干扰，率先改装，使全国很快统一起来。之后，他又招集一大批骑射之士，并亲自指挥，以此取代了传统的车兵而成为赵军主力。

改革之后，赵国很快改变了原来被动挨打的局面，国力也逐渐强盛起来。以后，不但打败了过去时常骚扰赵国的中山国，而且还向北方开拓了上千里疆域。到公元前 299 年，赵武灵王传位时，赵国已跃为“七雄”之一。

13. 姜太公与《六韬》

姜太公是兵家始祖，集中体现在《六韬》中。《六韬》又称《太公六韬》、《太公兵法》、《素书》，普遍认为是后人依托，作者已不可考，此书成于战国时代。全书以太公与文王、武王对话的方式编成。《六韬》继承了之前兵家的优秀思想，又兼采百家之长，其军事思想非常丰富。

《六韬》继承了《孙子兵法》“不战而屈人之兵”的思想，强调要实现“全胜”战略，必须以强大的政治、经济实力为后盾。它认为，国家经济实力是取得战争胜利的物质基础，提出要大力发展“三宝”即“大农”、“大工”、“大商”。它注重政治上胜敌，强调要争取人心，取得举国上下乃至友军的支持。并认为，用兵的目的在于“除民之害”，战胜而使“百姓欢悦”。

《六韬》广泛论述了多种作战形式的作战原则，强调将领要“知己知彼”，机动灵活地运用战术，对不同的作战、不同的敌人、不同的地形，要采取不同的战法。既论述了进攻，又论述了防御，并力主深入诸侯国的进攻战。既讲阵地战，又讲运动战，其中对运动战战术的阐述尤为出色，同时还对车、步、骑的协同作战和各自功能都做了具体论述。

《六韬》非常重视将帅的选拔与修养，认为“社稷安危，一在将军”，要求将帅不仅要谙熟战略战术，知进攻退守、出奇制胜的谋略，还要懂得治乱兴衰之道，要严格执行战场纪律。在训练方面，主张从单兵训练开始，一人教成十人，十人教成百人等等，而后合成三军之众进行大操练。书中重视部队的编制和装备，详细记述了当时军队指挥机构的情况和参谋人员的称谓职责，记述了古代武器装备的形制和战斗性能，以及军中秘密通信的方式方法等。

14. 王翦

王翦（生卒年不详），姬姓，王氏，名翦，关中频阳东乡人，秦代杰出的军事家，是继白起之后秦国的又一位名将。与其子王贲在辅助秦始皇兼灭六国的战争中立有大功。

王翦少年时期就喜爱兵法，事奉秦始皇征战。始皇十一年（公元前236年），王翦领兵攻破赵国阏与（今山西和顺），拔九城，夺取赵漳水流域。始皇十八年又攻打赵国，历时一年，攻陷赵都，虏赵王迁，赵王降，赵成了秦的一个郡。次年，燕王派荆轲刺杀秦王。秦王于是派王翦率兵攻打燕国，击破燕军主力于易水西，燕王逃到了辽东，王翦平定了燕蓟，得胜而归。秦王政二十三年（公元前224年），王翦领兵伐楚，他讲求以逸待劳，待机而动，以不变应万变，积极调动敌人，创造战机，取得胜利，因功著而晋封武成侯。

15. 张良与《三略》

张良（约公元前250—前186年），字子房，传为汉初城父（今安徽亳州）人。汉高祖刘邦的谋臣，秦末汉初时期杰出的政治家、军事家，西汉的开国元勋之一。

张良出身于韩国贵族世家，祖先五代相韩。秦灭韩后，他逃亡至下邳时遇黄石公，得《太公兵法》，深明韬略，足智多谋。秦末农民战争中，聚众归刘邦，为其主要智囊。楚汉战争中，联结英布、彭越，重用韩信，主张追击项羽，歼灭楚军，为刘邦完成统一大业奠定坚实基础。汉朝建立时封留侯，后功成身退。

《三略》，亦称《黄石公三略》，其最早于三国魏李康的《运命论》中提及，说明《三略》产生于张良受书之前。《三略》出自谁手，说法很多，但大多数认为《三略》在东汉以前已经问世，应作于西汉末年，作者为张良，或出自熟悉张良事迹、精通兵法的无名氏之手。

《三略》指上、中、下三卷韬略，共4000余字，是一部具有较大影响的古代兵书，也是我国最早的以“略”为题名，以统军驭将的政治谋略为内容的专属兵书。

书中提出了重“义战”法“天道”的战争观。《三略》把战争分为“义”和“不义”，并且指明“义战”是顺乎“天道”，而且主张用“义战”去消灭“不义战”，同时又强调在进行“义战”的过程中，要节制杀伐，尽量减少破坏性，这种怜人恤物的思想，实属可贵。

其还提出了揽“人心”制要地的战略原则。《三略》的重点是讲政治战略，次之是军事战略。政治战略的核心是揽人心，军事战略的重点是制要地，即对战略要地的控制。这里总结了历史经验，是对以前兵家思想的一大发展。

《三略》中还概括了“选将帅信赏罚”的治军思想。《三略》认为，在治军上应十分重视对将帅的选拔，坚持赏罚必信的原则。在选拔将帅上，候选人必须具备将帅的气质和风度，提出了“虑、勇、动、怒”等标准，还要求将帅要有宽广的知识面，同时爱兵，且赏罚分明等。

《三略》继承前代兵家治军思想的精华，注重选拔将帅以及实行赏罚，符合当时治军实际，所以《三略》问世以来，褒者居多，贬者为少，对以后兵家的治军思想产生很大影响。

16. 韩信

韩信，是西汉初年杰出的军事家，其生年不可考，卒于公元前196年，祖籍淮阴（今江苏淮阴东南）。他谋略超群，有胆识，用兵如神。他辅佐刘邦，率军驰骋疆场，为灭楚兴汉立下了卓越的功勋。韩信的战术思想及作战指导艺术为后世兵家所推崇。

刘邦拜韩信为大将之后，韩信向刘邦分析了项羽无深谋远虑，又分封亲信，诸侯多怨，百姓不亲附，殆失天下人心等问题，然后提出让刘邦反其道而行之，信用天下武勇之士，以天下城邑封功臣。刘邦采纳了韩信的计划，部署东征。

在楚汉战争中，韩信发挥了卓越的军事才能。平定了魏国，又背水一战击败代、赵。之后，他北上降服了燕国。韩信被拜为相国后，率兵击齐，攻下临淄，并在潍水全歼龙且率领的二十万援军。于是，刘邦遣张良立韩信为齐王，次年十月，又命韩信会师垓下，围歼楚军，迫使项羽自刎。楚汉战争结束后，刘邦登基建立汉朝。刘邦在总结取天下的经验时说："战必胜，攻必取，吾不如韩信。"对韩信的功绩做了充分的肯定。

作为军事理论家，他与张良整兵书，并著有兵法三篇。

17. 周亚夫

周亚夫生年史无记载，卒于公元前 143 年，祖籍于卷（今河南原阳西南），后徙至沛（今江苏沛县），其父为汉初名将周勃。周亚夫出身将门，历任西汉王朝的中尉、车骑将军、太尉等职，从事军事活动十余年，担任防御匈奴、戍卫京师的重任，并指挥了平定吴楚七国之乱的战争，为国家安定统一做出了重大贡献。周亚夫以治军严整著称，千百年来一直为人们传为美谈，使不少军事家受到启迪。

公元前 157 年 6 月，汉文帝丧，临终前召太子（汉景帝）于榻前告诫说："即有缓急，周亚夫真可任将兵。"足见汉文帝对周正夫的信赖。史学家司马迁认为周亚夫治军“持威重，执坚刃，穰苴曷有加焉”。

18. 卫青

卫青，生年不详，大约在公元前163年至公元前150年之间，卒于公元前106年，字仲卿，西汉河东郡平阳（今山西临汾）人，是西汉著名的大将。他曾率领骑兵七次出击匈奴，屡战屡胜，其战略、战术思想和作战指挥艺术，丰富和发展了我国古代军事理论宝库，为历代兵家所推崇。

元光六年（公元前129年），匈奴大举攻扰上谷，杀掠吏民，汉武帝以卫青为车骑将军，令其同公孙贺、公孙敖及李广各率万骑，分四路北击匈奴。这次作战，公孙敖折兵7000人，李广被俘，公孙贺无功而还，唯卫青纵骑直捣龙城，俘获匈奴700余人而归。汉武帝见“有将帅才”，嘉其有功，破格封为关内侯。卫青初露锋芒，表现出与众不同的气质。此后十余年中，卫青挥动汉军铁骑，驰骋大漠南北。

卫青作战前善于分析敌人特点，采取避实击虚，实施战略上大迂迴，以奇袭为长，表现了卓越的军事智慧。

19. 霍去病

霍去病，西汉河东郡平阳人，西汉抗匈名将，军事家。他曾率领骑兵六次出击匈奴，战无不胜，与其舅父大将军卫青齐名天下。

霍去病英俊骁勇，胆气过人，“善骑射”，18 岁为天子侍中。当时，正是西汉与匈奴交战激烈的时候，于是汉武帝任霍去病为剽姚（勇健轻捷的意思）校尉，随卫青出征作战。在作战中，霍去病智勇兼备，独自率 800 精骑，远离主力几百里奔袭敌人，以少胜多，斩敌 2000 余人，大胜而归，充分显示出他的军事才华。初战致胜，受到汉武帝表彰，特“以一千六百户封去病为冠军侯”，由此霍去病名显朝野。此后，霍去病成为一名抗匈主将，统帅千军万马驰骋沙场，大显身手。特别是在河西之战中，他率军长驱 2000 余里，以机动闪击攻势大败匈奴，创造了我国古代骑兵集团长驱深入、迂迴机动、闪击作战的典型战例。

20. 王符与《潜夫论》

王符（约公元 85—163 年），字节信，安定临泾（今甘肃镇原）人，东汉政论家、文学家、思想家。王符一生专注在著书《潜夫论》上，但这部书没有显于当世，直到《隋书·经籍志》将其列入，才被世人认知。

该书卷五中的《劝将》、《救边》、《边议》、《实边》是阐述边防问题的专论。文中提出的早定战守之策、选用“明于变势”的将帅、以“利”激励士卒等观点，都很有见地。文中数次引用孙武之文，对考察《孙子兵法》在汉代流传情况及校勘《孙子兵法》有重要的参考价值。

21. 曹操

曹操（公元155—220年），名吉利，字孟德，沛国谯（今安徽亳县）人，汉魏杰出的军事家、政治家。曹操小时聪明机智，善于计谋，任侠放荡，不受礼欲约束。但他却有治世志向，立志改变东汉末年混乱的局面。为了实现自己的远大理想，他博览群书，特别爱好兵法，才武绝人。

曹操在20岁时，被举为孝廉，当了郎官，被任命为洛阳北部尉。在30岁时，黄巾起义爆发了，他被任命为骑都尉，统率羽林骑兵，参与镇压黄巾军，因有功被提升为济南相。33岁时，曹操被调回，任命为东郡太守，不久又被朝廷征为典军校尉。曹操35岁时，从己吾（今河南宁陵县西南）起兵。从此，曹操便开始了征战疆场的戎马生涯。曹操精通兵法，亲自指挥过许多重要战役。他的著述很多，可惜现今大多已经失传，现存兵书中较完整的就是《〈孙子兵法〉注》。

曹操军事思想的基本内容如下：

屯田兴农的战略思想。曹操从定国安邦需要强兵足食的高度，借鉴了秦代凭借优先发展农业兼并天下，汉武帝运用屯田稳定了西域的历史经验，实施了屯田兴农的战略决策。后来曹操又采纳了司马懿的建议在关中等地兴办军屯，生产了大量的粮食，使其在经济实力和军事实力处于了领先位置。

“兵之变化，固非一道”的用兵原则。曹操不去照抄照搬别人的兵法，而是“因事设奇、谲敌制胜，变化如神”，信守着“兵之变化，固非一道”的用兵原则，在“伐谋为上，伐交为上”、“声东击西，避实击虚”、“知已知彼，计于庙堂”等战术上灵活运用了先前的兵家思想。

曹操从走上政治舞台那一刻时，就表现出执法严明的特征，反映在治军方法上，就是开明而严格。曹操为了网罗人才，虚怀若谷，礼贤下士，多次颁布“求贤令”；他执法肃然，赏功罚罪，树立了良好的军容军貌。

22. 诸葛亮与《便宜十六策》

诸葛亮（公元181—234年），字孔明，琅琊郡阳都（今山东沂水南）人，三国时期杰出的军事家、政治家。诸葛亮幼年时失去父母，为了躲避战乱，他随叔父诸葛玄流亡荆州（今湖北襄樊市），后隐居在南阳郡邓县西部的隆中山中（在今襄樊市）。他博览群书，关心时事，专注治国用兵之道。

建安十二年（公元207年），刘备三次到家里邀请诸葛亮，世称“三顾茅庐”。在会见中，诸葛亮给刘备分析了当时的局势，规划了刘备进趋的战略，世称“草庐对”、“隆中对策”，并答应辅佐刘备。诸葛亮帮助刘备扭转了被曹操击败后的被动局面，东联孙吴，北拒曹魏，与吴将周瑜等共同谋划了挫败曹军的“赤壁之战”，使刘备得以立足荆州、西进巴蜀，建立起蜀汉政权，促进了三国鼎立的战略格局。刘备死后，他辅助后主刘禅。为了推行由刘汉统一天下的政治主张，他采取积极措施修复一度被破坏了的吴蜀关系，稳定了东方。后于建兴三年（公元225年）五月，南渡泸水平定少数民族叛乱，从而安定了南部。在完成了这两个战略步骤后，又多次越过祁山，讨伐曹魏，后世称为“六出祁山”。建兴十二年（公元234年）春，他率兵出斜谷与魏将司马懿在渭南相持，八月病逝在五丈原（今陕西省眉县西南）军中。

诸葛亮一生写了不少著作，他根据自己长期的战争实践，以及对前人军事理论的研究，总结形成了自己的军事思想，他的主要军事著作为《便宜十六策》。其主要军事思想如下：

“应权通变，弘思远益”的战略思想。诸葛亮在东汉末年群雄并起、军阀混战的纷繁复杂局面中，弘思远益，逐一推敲了当时各种政治、军事势力的未来消长趋势，为还未具有争雄资格的刘备的立足、发展，并成为未来鼎立的三国之一，做出了广阔长远的思考和有益的选择。

“据道讨淫，不在众寡”的决胜观念。诸葛亮继承了历史上关于决胜的思想，在指出“兵者凶器，不得已而用之”后，强调指出“据道讨淫，不在众寡”的观点。这一方面表明了诸葛亮在组织战争上的谨慎态度，另一方面也表明了他关于坚持正义战守及确信正义的一方不论士兵多少，是不可战胜的思想。

巧运筹、兼奇正、重攻心谋略原则。诸葛亮的谋略原则十分丰富，他重视计谋中的运筹，主张奇正用兵，强调攻心为上的原则，以及强调“以大信为本”的严明治军思想。此外，他重视革新军械、装甲，当时他创制了一发十矢的连弩、适应山区运输的“木牛”、“流马”、改进的钢刀，增强了蜀军战斗力。他推演阵地，做“八阵图”，为后世传扬。

诸葛亮采取战略上连衡，辅以外交策略手段，结成坚强的军事联盟，形成强有力的军事力量，使战略与策略胶漆相结，天衣无缝，不愧为一代军事战略家、谋略家。

23. 李世民、李靖与《唐太宗李卫公问对》

李世民（公元599—649年），唐太宗，杰出的军事家、政治家。祖籍陇西成纪（今甘肃秦安东），唐高祖李渊次子。他自幼喜读兵书，刻苦习武并有雄才大志。在其父李渊称帝前就施展了其军事才能。李世民在军事思想上总是着眼于全局。大敌当前，冷静观察抓住战机，击敌要害。在指挥艺术上，常采用先疲后打、后发制人的战法，达到变弱为强、变被动为主动的效果。在战斗中，善于发挥轻骑快速机动及冲击力强的特点，出奇制胜。在消灭主要敌人时，往往以小胜为契机，迅速扩大战果，身先士卒，不顾疲饥，穷追猛打。另外，他的诱敌布阵、围城打援、水攻等也都表现了李世民杰出的谋略和指挥才能。

李靖（公元571—649年），字药师，京兆三原（今陕西三原东北）人，唐朝著名军事家。他出身官宦世家，从小受到良好的教育，不仅博学经史，而且精通兵书。李靖在隋大业末年任马邑郡丞，曾与太原留守李渊有隙。后被秦王李世民召入幕府，跟随作战，因功授开府。李靖的军事思想非常丰富，除其成功运用兵法之外，还在很多方面有所创造：他创造了“七军六花阵”，并创造性地把“锥形之阵”用作经常战斗队形；他首创了纵队战术理论及其阵法，比旧的线形式战斗队形更具灵活性；他首创了逐次抵抗、交互掩护的撤退方法。李靖还著有多部兵书，比如《玉账经》、《六军镜》、《韬钤秘术》等，遗憾的是大多失传，现在能看到的仅有他与李世民多次谈兵的言论辑录《唐太宗李卫公问对》。

这本书共分上、中、下三卷，有98个问题，总计一万零三百余字，系中国古代著名兵书《武经七书》之一。它比较全面系统地反映了李世民和李靖的军事思想。

奇正相生、变化无穷的作战原则。奇正是《问对》中最突出的问题之一，它认为“奇”与“正”，不仅指兵力的配备，更指战术变化的原则，使奇正的理论和运用达到了新的认识高度。

“变易主客”，全面而辩证的思想。“主客”就是防御一方和进攻一方，防御之军和进攻之军。“主客”与“攻守”有联系也有区别。“主客”是指部队所处的地位，“攻守”则是指作战的基本形式。部队所处的地位正是从采取攻守形式来区分的，因此二者有着必然的联系。

“教得其道”的练兵思想。《问对》十分重视军队的管理教育和军事训练。从军事素质上说，李靖认为核心的问题是要加强军队内部的团结，搞好官兵关系。原则是“爱设于先，威设于后，不可反是也”。就是说，恩威并施、赏罚并用的封建地主阶级的治军原则中“恩”是“威”的前提，要以爱兵为上。

《问对》还谈到，训练要根据军队的不同特点区别对待，扬长避短。如针对番兵长于骑射，汉兵长于弩战的特点，进行有效训练等等。

24. 李筌与《太白阴经》

李筌（公元 713—779 年），做过河东节度使、都虞侯、荆南节度使、仙州刺史等。

唐玄宗时代，社会上形成了重文轻武的风气，视谈兵为粗鄙，认为修文为高贵，兵法著作被打入冷宫，束之高阁。面对这种情况，李筌深恐孙武以来的兵学思想失传，于是立志研究兵家学说，隐居少室山，经多年的潜心研究写下了《阴府经疏》、《孙子注》、《太白阴经》等军事著作，其中尤以《太白阴经》对后世影响最大。

《太白阴经》，又名《太白阴符》、《阴符太白阴经》等，是唐代以后颇有影响的一部兵书。此书十卷百篇，约两万余字。

《太白阴经》在政治上主张富国强兵，抑制强权，文武并治，而在政治战略上主张“贵和”；它在军事上继承了春秋以来兵、法家朴素的唯物主义思想，认为胜败存亡、吉凶善恶绝不为天神地鬼、阴阳卦卜所支配，而是由人们自己决定的。它的军事辩证思想较为突出，对人性和地理、天地和人世、品性和才能、刑与赏、奇与正、形与势等均做了辩证分析，充满着精辟的哲学思想。可以说，《太白阴经》在许多方面继承和发展了我国古代兵法的优秀思想，其深刻的思想内容，精湛的兵家艺术和神奇的计谋韬略，堪为中国兵家文化中的珍品。

25. 郭子仪

郭子仪（公元697—781年），华州郑县（今陕西华县）人，经历唐代七朝，为官60余年，一直为军旅生涯。他与李光弼齐名，史称“李郭”，是唐朝中期杰出的军事家。郭子仪未曾留下军事论著，其军事思想仅见于史载作战事例中。

“贼来则守，贼去则追”是郭子仪的重要军事智慧。“安史之乱”爆发后，朝廷军节节败退，唐玄宗顿感危亡之急，即刻命郭子仪任朔方节度史，奉旨率军东讨叛军。四月，郭子仪收复云中、马邑两郡后，会合河东节度史李光弼军，东进井陉拔常山郡，一举攻占了史思明坚守40余天的九门。至此，常山郡九县皆被唐军收复。此时，安禄山急令史思明收集散军，尾随郭子仪军后。郭子仪将计就计，派出500精骑牵着史思明疾驰北进，将叛军拖得精疲力尽，再无力追赶。郭子仪立即捕捉良机，猝然发起攻势，将叛军打得大败。为了消灭叛军，郭子仪又主动退至恒阳，准备以逸待劳，采取“贼来则守，贼去则追，昼扬其兵，夕袭其幕”的战术。后经嘉山一战，从根本上扭转了唐王朝危急的局面，有效牵制了叛军的有生力量。这不能不说是郭子仪正确的军事思想的运用和实践的结果。此外，郭子仪还巧妙运用夹击破贼，“小却”诱敌，虚张声势等谋略，智退敌军，扭转不利局面，平定了叛敌，反映出他独具匠心的作战指挥艺术和作战方法。

26. 李光弼

李光弼（公元708—764年），契丹人，原籍营州柳城（今辽宁朝阳县南）。李光弼“少从戎”，历任兵马使、河东节度副使等职。“安史之乱”爆发后，在郭子仪的荐举下，堪当重任，挽狂澜于即倒，挟大厦于将倾，大展雄才。

以弩遏骑，以长击短；谋定后战，以少覆多。这是李光弼用兵指挥艺术的亮点。

以弩遏骑，以长击短。天宝十年（公元756年），唐玄宗任李光弼为魏郡大守、河北道采访使，顿命进剿叛将史思明。为了消灭从饶阳方向增援史思明的步兵，李光弼亲率步骑兵2000人，偃旗息鼓，沿滹沱河东进，到达逢壁时，叛军步兵正在用饭，李光弼趁其不备，冲杀过去，叛军猝不及防，全军被歼。常山之战的胜利，体现了李光弼用兵指挥艺术。

谋定后战，以少覆众。唐肃宗至德二年（公元757年）正月，叛将史思明、蔡希德、高秀岩、牛廷玠兵分四路，督兵十余万会攻太原。当时，李光弼部下精兵皆赴朔方，余下团练不下万人，力量对比相形见绌。李光弼因势利导，一面派人到敌营中见史思明，诈称城中粮尽，一面积极做好反攻准备。最后李光弼以不足万余人，前后歼敌八万余人，以少败众，取得重大胜利。由此，朝廷特地加封他为郑国公，享食邑八百户。

李光弼御军严肃，天下服其盛名，《新唐书》记载，李光弼治军训整，“赏信罚明，士卒争奋”，反映出李光弼的治军思想和治军效果，特别是通过治军大大提高了部队的战斗力，对于以少胜多、以弱胜强的战况起到了重要作用。

27. 陈规与《守城录》

陈规（1072—1142年），字元则，密州安丘（今山东省安丘县）人，北宋末南宋初的一个文臣，他在抵御金军的战斗中，坚守城池，很有胆略。据《宋史·陈规传》载，他有《攻守方略》流传于世。

《守城录》一书共有三部分：一为《〈靖康朝野佥言〉后序》，二为《守城机要》，三为《建炎德安守城录》。陈规的守城思想主要集中在《〈靖康朝野佥言〉后序》中，他针对金军的进攻战术，提出了自己的“防御之术”，其主要内容有以下几点：一是辩证的分析形势，敢于防守取胜。他客观分析攻守的利弊，指出守城在被动中有主动的一面；攻城在主动中也有被动的一面，比兵家“攻城为三军之下”的思想前进了一步。二是主张守中有攻，积极防御。他主张一切防御的设施要有利于保存自己和出击敌人，认为只有虚实相间，多方设伏，抓住有利战机，击敌之粮道，打击敌之薄弱环节，才能取得防守战的彻底胜利。三是事在人为，人定胜天，自力更生思想。陈规认为“求人不如求己”，“上策莫如自治”，只要根据客观实际情况于敌未至之前精加思索，充分做好计划和物质方面的准备，就可以取得胜利。他提出了对旧的战法、防御设施的改革思想。

《守城录》的创新主要有三个方面：一是提出了火器武器用于攻城后，对战术的影响和守城之策，提出了对攻者有炮的情况下，城垒应当如何改造与构筑以加强防御；防守者如何正确用炮粉碎敌方的攻击；守城军民的组织编制、力量运用和守御等问题，其基本思想是“固敌而变”。二是在世界军事史上最早记述了管形火器用于作战的情况，丰富了中国军事史。三是发展了中国古代兵家关于积极防御的思想。

28. 岳飞

岳飞（1103—1142年），字鹏举，相州汤阴（今河南汤阴）人，南宋名将。岳飞“少负气节”，家贫力学，尤好《左氏春秋》、《孙吴兵法》。岳飞在战斗中英勇善战，连战连捷，表现出崇高的民族气节和卓越的军事才能。岳飞没有军事论著存世，他的军事思想散见于史书篇牍。

宋朝实行“将从中御”，将帅作战必依阵图行事，不得擅自改弦更张。岳飞坚决反对这一做法，他认为阵图乃定局，兵家之事千变万化，不可照搬；兵家不可拘泥一法，用兵的奥妙在于以变应变，一切全凭依据客观形势实行主观筹算。岳飞这种不拘常规、灵活机动的战术思想，一反宋军惯例，是对“将从中御”的公然挑战。

岳飞虽勇猛，但有勇有谋，特别是谋略超人，善于巧施机宜，妙于筹策。岳飞善战，多运巧思，却敌千里，因此在他一生中大小百余战未尝一败，其奥秘与他的善谋分不开。岳飞对“勇”和“谋”不是平列相论，而是认为“勇不足恃，用兵在先定谋”。他指出，谋在作战中的作用是“谋者胜负之机也，故为将之道，不患其无勇，而患其无谋”。

岳飞的治军思想，有人总结有六：一精选将士，二勤勉训习，三赏罚公正，四号令严明，五严肃纪律，六同甘共苦。注意军队训练是古代名将的传统，据《宋史》记载，军队每当驻扎休息时，岳飞就督促将士们从山坡上急驰而下，从壕沟低处向上跳。岳飞在训练时特别注重实战需要，由于他的严格训练，每个士卒都技艺娴熟，奋勇杀敌，义无返顾，成为一支骁勇善战的精锐之师。

岳飞实施赏罚，较为严格、认真、公道，他审令，在作战中，“有功者重赏，无功者峻罚”。“岳家军”有一条铁的纪律，就是“秋毫无犯”，无论平时或战时，不准任何人索取民财，扰乱百姓；不许践踏农田，损害庄稼。所以，“岳家军”所到一处，夜宿户外，民不知有兵，宛如平常，倍受百姓欢迎。

29. 成吉思汗

成吉思汗（1162—1227 年），名铁木真，蒙古军队的统帅，杰出的军事家和政治家。他一生征战四十余年统一蒙古诸部，继而展开大规模的军事行动，攻灭辽、西夏、金等，横跨欧亚大陆。成吉思汗的军事思想极为丰富，但没有留下军事论著，其军事思想只能散见于后来的诸史籍中。

成吉思汗的战略思想具有独特的风格，他实施据情筹策、多角多变的战略。所谓多角多变，就是从多种角度选择最佳方案，实施战略计划，当一个时期的战略任务完成后，再实施另一个或两个战略计划。如在统一蒙古诸部战争中，采取联合求强，利用矛盾各个击破的策略。他在对外拓疆战争中，将近攻远与远交近攻交替运用。如成吉思汗统一蒙古后，便把视野投向了邻国。蒙古南面有两个政权，一是金朝，二是西夏。金朝强大，于是成吉思汗先灭西夏，翦金羽翼，一箭双雕。西夏归顺后，成吉思汗再移兵金朝，一举成功。

成吉思汗用兵如神，主要表现在战术上善于因敌制变，机动灵活，这是他用兵一大要诀，是克敌制胜的关键。成吉思汗战术良多，如攻其无备，出其不意；智取巧夺，惑敌攻坚；破面取点，击其“中极”；迂回侧击，出奇制胜等。

蒙古族以畜牧业为主，人人能骑马放牧、狩猎，上山和下山亦能马快如飞。成吉思汗充分利用这一优势，建立了一支强大的骑兵部队，并利用这支骑兵部队实施机动作战。成吉思汗为了确保骑兵的兵源和质量，采取了两条措施：一是亦军亦牧；二是重视战马的训练和保养，这使蒙古军队保持了较好的战斗力而常常获胜。

30. 刘基与《百战奇略》

刘基（1311—1375 年）字伯温，青田县南田乡（今属浙江省文成县）人，故时人称他刘青田。元末明初军事家、政治家，通经史、晓天文、精兵法。他以辅佐朱元璋完成帝业、开创明朝并保持国家安定而驰名天下，被后人比作为诸葛武侯。

在军事上，刘基是位谋略大师，主要著作有《百战奇略》。这是一部以论述作战原则和作战方法为主旨的古代军事理论专著，从其产生以来，就为兵家所重视和推崇，一再刊行，广为流传。

《百战奇略》是在北宋神宗颁定《武经七书》为武学必读课本之后，产生的一部较全面系统地论述古代作战原则和作战方法的兵学专著。它不仅继承了我国古代军事思想的精华，而且对某些问题有一定的新见解。该书所援引的百条古代兵法中，有 87 条出自《武经七书》，而其中引自《武经七书》之首《孙子兵法》的达 60 条之多。

但其可贵之处，不仅在于它“以《孙子》为经”而继承了孙武思想，更在于它对孙武思想的发展上。例如关于在速战速决和持久防御的作战原则方面《百战奇略》认为，在我强敌弱、我众敌寡，胜利确有把握的情况下，对来犯之敌要采取速战速决的进攻战；但在敌强我弱、敌众我寡，胜利无把握的情况下，则应采争持久疲敌的防御战。这种能够根据敌我力量对比的实际，不同情况采取不同作战原则的指导思想，无论在认识上，还是在实践上，都是一个发展。

《百战奇略》不仅继承和发展了我国古代的军事思想，而且搜集和存录了大量古代战争战例资料。它搜集了自春秋到五代1645年间散见于21种史籍的各种类型的战（事）例百例。其中规模较大、影响较深、特点鲜明的战（事）例有：春秋时期的齐鲁长勺之战，楚宋泓水之战，晋楚城濮之战等等。这些战例一般都有战争发生的时间和资料来源，为后人检索战争战例资料，研究中国古代军事史，提供了极大方便。

《百战奇略》列举了军事斗争领域里存在的大量对立统一关系，意识到军事斗争领域中一切矛盾的双方，不但相互依存而且共处于一个统一体中，在一定的条件下各自向对立面方向转化。此种辩证地观察事物的思维方式，是应予充分肯定的。

31. 俞大猷与《正气堂集》

俞大猷（1503—1579年），字志辅，又字逊尧，号虚江，福建泉州北郊人，生于弘治十六年（1504年），是明代著名民族英雄、抗倭名将、武术家、兵器发明家。他历任明代三朝，戎马生涯 47 年，身经百战，战功显赫，与当时另一位抗倭名将戚继光并称“俞龙戚虎”。《明史·俞大猷传》曰：“大猷负奇志”，“忠诚许国，老而弥笃”。

俞大猷之所以善于运筹帷幄，把握战机，出奇制胜，可以说是得力于其青年时代对《易》学中有关奇正、虚实、矛盾、变化的辩证思想的深刻理解。俞大猷认为作为战争的指挥者，首先应该具备“忍”的策略思想。能忍者，就能把握、掌握战争主动权；不能忍者，就会贻误战机，丧失战争主动权。

俞大猷抗倭主张运用御海洋、御海岸、御内河、御城镇等多层次、有纵深的防御战略，加强海防，坚固江防，以长制短。他主张以有效的战船和火炮歼灭倭寇于海上，而不让他们有登陆的机会。他积极修造海船，招募并有效训练水兵，组建了一支驰骋东南沿海抗倭战场上的威武之师——俞家军。他加强海防力量，在海上倭寇必经的岛屿，以逸待劳，剿灭倭寇。

俞大猷继承并发展了我国古代的优秀军事思想，著有《兵法发微》《剑经》《洗海近事》《镇闽议稿》《广西选锋兵操法》等，编辑其师赵本学《韬铃内外篇》等为《续武经总要》。俞大猷的著作，连同其诗文杂著，由其记室李杜汇编为《正气堂集》十六卷，并撰《征蛮将军都督虚江俞公功行纪》。

32. 戚继光与《纪效新书》、《练兵实纪》

戚继光（1528—1587 年），字元敬，号南塘，晚号孟诸，山东蓬莱人。明代抗击倭寇的民族英雄，精于韬略的大军事家。

戚继光从小就熟读兵书，胸怀大志。1544 年，年仅 17 岁的戚继光就做了登州卫的指挥佥事，他在一本兵书的空白处写下“封侯非我意，但愿海波平”，表达了自己的爱国之志。1552 年以后，倭寇活动日益猖獗，戚继光于 1555 年奉命调任浙江参将，镇守宁波、绍兴、台州等地，走上抗倭斗争的前线。他见当时的军队素质不良，积习难改，平时缺乏训练，纪律松弛，战时不听指挥，不能作战，无法完成抗击倭寇的重任，于是决定自己招募一支军队进行训练。他了解到浙江义乌的农民、矿工很勇敢，便前后三次在该县招募了农民、矿工万余人，编练了一支新军进行严格的训练。他根据东南地区水域多、道路曲折的地形特点，以及倭寇狡诈，善于设伏，好短兵相接等作战惯技，创造了打击倭寇最有力的新阵法——鸳鸯阵。这种阵法的主要特点是以 12 人组成一个作战小队，各个兵种相互配合，长短武器结合使用，指挥灵活，变化自如，进可以攻，退可以守。这支军队有严格的组织纪律，对官兵进行严格的训练，他们战斗勇敢，英勇顽强，能以一当百，对老百姓秋毫无犯，人们都称他们为“戚家军”。在抗击倭寇的战斗中，戚家军战无不胜，攻无不克，基本上荡平了倭寇之患，保障了东南沿海人民的生命财产。

戚继光不仅战功卓著，而且治军有方，他对练兵、制械、作战等方面都有独到的创见，所著《纪效新书》、《练兵实纪》吸取了许多兵家的成果，并将其加以改革和创新，因而对后世军事思想的发展产生了深刻的影响。

《纪效新书》作于 1560 年（嘉靖三十九年）前后，是戚继光在抗击倭寇的战争中写成的，是对倭寇战争实战经验的系统总结。《练兵实纪》成书于1578年（隆庆五年），是戚继光在蓟州镇守时期练兵守边的实纪，是从实际斗争的经验中总结出来的高明之见。这两部书具有鲜明的时代特色，对于在当时各种新型火器兵器、大量装备军队情况下的制械、练兵、阵图等许多问题都进行了系统的阐述，对我国军事理论的发展做出了巨大的贡献。

1942年《八路军军政杂志》曾把戚继光的《练兵实纪》第四册“练将”篇和其他有关论述辑录为《戚继光治兵语录》加以发表，后来又把这些语录与《孙子兵法》、《吴子兵法》等合编为《中国古代军事思想丛书》，发给全军借鉴学习。

33. 郑若曾与《筹海图编》

郑若曾（1503—1570年），昆山人，字伯鲁，号开阳，明清之际著名的军事家、战略家。郑若曾33岁考取秀才，后被推荐入国子监就读，成为贡生；仕途失利后即归居乡里，潜心钻研学问。他胸怀大志，凡天文地理、山经海籍无不周览。嘉靖中期，东南沿海地区频遭倭寇侵扰，官军在御倭战争中纷纷败下阵来。此时朝廷派胡宗宪任剿倭总指挥。由于郑若曾平时善言兵事，自从倭患发生后便绘制了一些沿海地图，由苏州府刊行，为胡所识，于是被征聘为军中幕僚。之后郑若曾撰写了许多有关御倭方面的著作，还亲自参加抗倭斗争。因平倭有功，朝廷授锦衣，郑若曾没有接受；胡公又推荐他去修国史，郑若曾亦没有答应。

《筹海图编》是郑若曾关于筹划沿海防务的兵书。该书13卷，图172幅，约26万字。主要叙述了明代沿海的地理形势、海防设置，提出了御海洋、固海岸、严城守的海防方略，选兵、择将、治军原则，武器装备，以及侵略中国东南沿海的倭寇的状况等，内容十分丰富。其中海防战略思想独居魁英，是早期海防战略思想奠基之作。

总之，《筹海图编》客观地、科学地提出了一个完整的海防战略防御体系，以御海洋、固海岸、严城守为核心，构成了道道防线，是一个从海上到陆地，多层次、大纵深的积极防御战略。它不仅成为当时御倭的指南，也为后世的海防建设提供了不少值得借鉴的东西。

34. 揭暄与《兵经百言》

在浩如烟海的中国兵书中，《兵经百言》堪称独树一帜。此书继承并发展了兵家的思想精华，并将之贯穿起来，构成一个较为完整的体系。

该书作者揭暄，字子宣，明末广昌人。史载“暄少负奇气，喜论兵，慷慨自任。独闭门户精思，得其要妙，著为《兵经》《战书》，皆古所未有”。清军攻陷南京之后，揭暄与父举兵抗清，时父子二人赫赫名声响震江闽。后来，清兵攻占福建，揭暄遂归隐山林，最后幽抑而终。

揭暄以百字将各种兵法思想观念、作战方法等纳入到相应的类别中，从而将其精华融会贯通，于是写成了这本书。揭暄既借鉴、继承前人精要处，又能独到、别致地将其加以总结发展，推陈出新。《兵经百言》全书共三个部分，上卷智部，28字条，主要讲设计用谋的方法、原则；中卷法部，44字条，主要讲组织指挥及治军的方法、原则；下卷衍部，28字条，主要讲天数、阴阳及作战中应注意的问题。

《兵经百言》提倡先发制人。它把“先”字放在通篇之首，并将先发制人的运用艺术地分成四种境界：调动军队挫败敌人的计谋为“先声”；每每比敌人先占必争之地者为“先手”；不靠短兵相接而靠预先设下的计谋取胜为“先机”；不用争战而能制止战争，战事未发而能取胜为“先天”。这体现了他在战争中主张积极进取的竞争意识。

《兵经百言》提倡朴素的军事辩证法思想，力主灵活用兵，在书中用“生”、“变”、“累”、“转”、“活”、“左”等字条，从各个方面阐发了变与常的辩证关系。在兵法中单独提出反客为主、以逸待劳的转化思想，当为《兵经》首创。

《兵经百言》在军事哲学方面具有明显的进步倾向。首先，它用朴素的唯物主义自然观解释古代的天文术数，认为“星浮四游，原无实应”。其次，它明确提出了军事事物具有相互对立又相互依存的两个方面，指出“义必有两，每相对而出，有正即有奇，可取亦可舍”。再次，认识到事物之间的相互变化，主张以变制变，活用兵法。

《兵经百言》问世不久，就被人视为“异书”，这正是其胆识和独创所致，说明其思想已经超过了前人。总之，这部书理论明晰，深入浅出，篇中百字，可谓字字珠玑，给人以茅塞顿开之感。

35. 努尔哈赤

努尔哈赤（1559—1626 年），清太祖，后金汗王，清王朝奠基人。努尔哈赤戎马征战 40 余年，“以寡胜众，以弱克强”，屡战屡胜。因为他采取了一系列正确的战略战术，其核心是强调智谋取胜。据传努尔哈赤曾撰有兵书，可惜未留传下来。

努尔哈赤在战略实施上主要采取的是以智谋取胜的方针，主要表现在：第一，政治争取，军事打击。努尔哈赤极为重视收揽人心，他始终坚持政治争取与军事打击相结合，两手兼备并用，这是他的军队实力迅速增长的重要原因。第二，远交近攻，渐至微细。努尔哈赤在完成统一女真族内部的过程中奉行“远交近攻”的方针，采取“渐至微细”的手段对敌人各个击破的策略。

努尔哈赤“用兵如神”，他继承了《孙子兵法》中“我专而敌分”、“以众击寡”，以及《六韬》中“用兵之道，莫过于一，一者独往独来”的思想。在作战指导上，强调兵力集中，快速机动，以形成局部优势，从而达到各个歼灭敌人的目的。努尔哈赤所指挥的各次重大战役，基本上都是这样实施的，这是他用兵的突出特点。

36. 蔡锷与《曾胡治兵语录》

《曾胡治兵语录》是我国近代军事史上一部有名的语录体兵书，比较系统地反映了清末湘军统帅曾国藩、胡林翼的治军思想和治军方法。其编写者是近代著名爱国将领蔡锷。

蔡锷（1882—1916 年），原名艮寅，字松坡，湖南邵阳人。他自幼聪慧好学，14 岁中秀才，16 岁考入有名的长沙时务学堂。当时，提倡变法维新的谭嗣同、梁启超正在时务学堂任教。年轻的蔡锷深受谭、梁进步思想的影响，并与梁启超结下了深厚的师生情谊。不久，戊戌变法失败，谭嗣同慷慨就义，梁启超亡命日本。朝政的腐败使血气方刚的蔡锷深受打击，他曾计划行刺慈禧太后，因故未果。1899 年，蔡锷接受梁启超的建议，东渡日本求学，后因对甲午战争及八国联军入侵中国以来的国势日益削弱深感痛心，遂决意弃文习武，学习军事，先后毕业于陆军成城学校和东京士官学校。学成归国后，他曾在江西、湖南、广西等地从事军事教育工作，并与革命党人有所接触。期间，著有《军事计划》一书，就加强国防建设和治军用兵提出了独到的见解。1911 年，蔡锷任云南新军第十九镇三十七协协统，受镇统钟麟同委托，编辑成《曾胡治兵语录》一书，作为训练新军的教材。书中的曾、胡，系指清末湘军统帅曾国藩、胡林翼。

曾国藩、胡林翼是中国近代史上的关键人物，二人都是

“儒将”，既有丰富的实战经验，又注意借鉴传统文化和军事思想，善于总结和理性思考，提出了一些很有价值的军事思想。蔡锷对他们的军事才干十分推崇，对他们的军事思想做了深入研究，认为他们的兵学言论大都切中近代军事时弊，具有重要的指导作用。为了将曾、胡的治军思想发扬光大，也为了更好地训练新军，蔡锷从1911年着手辑录曾、胡的兵学言论，编成了语录体兵书《曾胡治兵语录》。

《曾胡治兵语录》分《将材》、《用人》、《尚志》、《诚实》、《勇毅》、《严明》、《公明》、《仁爱》、《勤劳》、《和辑》、《兵机》、《战守》十二章，系统地反映了曾国藩、胡林翼的军事思想。前十章围绕置将、整军、训练等，论述治军中的种种问题；后两章则专门论述战略战术中的一些重要问题。蔡锷在每章之末，都附有一段简略的按语，或对本章大意概括归纳，或对曾、胡言论加以评述，或借题发挥，阐述自己的军事思想和对时局的看法。尤其是在第十一章、十二章的按语中，蔡锷根据新的时代特点，在战略战术方面提出了许多重要的见解，并对曾、胡的某些言论做了修正，很有参考价值。

第 四 章

兵家的战争观

杀人安人，杀之可也；攻其国，爱其民，攻之可也；以战去战，虽战可也。

——《司马法》

1. 兵者，国之大事

兵家战争观的核心便是“慎战”——谨慎对待战争。战争是不可避免的历史和社会现象，所以兵家不否定战争，但是兵家反对穷兵黩武，反对把战争看成是治理国家的良方，这是兵家对战争的一个基本态度。《孙子兵法》中说：“兵者，国之大事，死生之地，存亡之道，不可不察也。”孙武认为，战争乃是国家的大事，生与死的战场，存和亡的关键，不可不慎重考察。

孙武讲兵法，开宗明义就是警告，可见其对战争的审慎态度。

兵家的慎战思想，在其他著述中也屡有表现。因为战争毕竟不是目的，军队决不可滥用，否则就会招致祸患。出师兴战要审视时事、考量国力，否则只想以战争解决问题，那国家就要面临危险了。

《吴子兵法》是以历史的教训，指出穷兵黩武的巨大危害："天下战国，五胜者祸，四胜者弊，三胜者霸，二胜者王，一胜者帝。是以数胜得天下者稀，以亡者众。"是说天下各国的战争，战胜了多次后仍不得善其后、不能解决问题的，必有灾祸来临；战胜四次的，必是疲惫不堪；能够以三次决定局面的，可以称霸；能够以两胜而使对方心悦诚服的，可以为王；一战而胜的则可以为帝。能够屡战屡胜仅依靠战争胜利而得天下的，是少之又少，而因此致亡国的，却比比皆是。他以此告诫人们：应该审慎地对待战争，动辄采用暴力手段，穷兵黩武，连年征战，即便是多次取得战争的胜利，却不一定是好事。

兵不可黩，表现在作战目标和行动上，就是"允当则归"。这句话出自我国最早的兵书《军志》，意思是说当迫不得已采用军事手段时，战争的目标要适当，作战行动要适可而止，不要过分。

2. 天下虽安，忘战必危

慎战，决不是不要战争，更不是忘了备战。穷兵黩武要不得，但疏于战备也同样要不得。兵家先贤一方面指出，“故国虽大，好战必亡”，同时又指出，“天下虽安，忘战必危”。道理很简单，那就是“有备则制人，无备则制于人”。

好战必亡，是黩武所致，而止戈忘战，走向另外一个极端，同样会因疏于戒备而导致亡国。为了维护本国、本阶级的根本利益，有时战争手段是不可或缺的，战争准备是不可忽视的，止武忘战的思想是极其危险的。如果废止军备的言论占了上风，刀枪入库、马放南山、不言武事，即使有地理上的险阻之利也是守不住的。不分敌我的“兼爱”言论占了上风，士兵就会丧失战斗意志，不愿意作战。一个国家只有常习武事，才能避免战事，充分做好武备，才能拥有和平。

兵家认为，止武忘战思想，是相对和平时期一种极为有害的思潮和容易出现的通病，它严重地麻痹着人们的思想、涣散着人们的斗志，直接危害着国家的安全稳定与生存环境，因而是万不可取的。

3. 兵不血刃而天下亲

《尉缭子》主张战争达到“兵不血刃而天下亲”这一最好结果。兵家认为，军队是凶险的工具，战争是违背道德的行为，将帅既是出生入死，也是能置别人于死地的官吏。所以，只有在万不得已的情况下才能使用军队。有时，虽然战争、军队和军事将领有这些不道德和危险之处，但是君主为了自己追求的政治目的，还是要利用它们。在春秋战国时期，诸侯争霸中原，都希望能够在成为诸侯霸主的基础上，进而取代周天子而一统天下。为了这个目的，就必须使用军事手段。《尉缭子》中记述："人君有必胜之道，故能并兼广大，以一其制度，则威加天下。""一其制度"就是将代表各种利益集团的暴力工具统一起来，而在"威加天下"的各种方法中，军事力量无疑是最重的。在诸侯相互兼并的战国时期，战争是不可避免的，军队是绝不能废除的。因此兵家主张，军队不攻没有过错的国家，不杀害无辜的百姓。杀害别人的父兄，抢夺别人的财产，奴役别人的子女，这些都是强盗行为。进行战争是为了制止不义的行为。军队所到之处，要使农民不离土地，商人不离店铺，官吏不离官府。这是因为战争的目的只为惩罚暴君一个人，达到"兵不血刃而天下亲"的最佳战争结局，充分保证战争的正义性。

4. 以战止战，虽战可也

中国古代兵家在战争实践的基础上，对战争目的这一问题，在政治层面上进行了深入的理性思考。在兵家看来，战争的目的有三个：一是，战争的最高目的是销兵、止战，追求和平。兵家认为，进行战争的最终目的，是为了消灭不义之兵。这一观点明确地提出了"以战止战"的思想。二是，战争的直接目的是除国乱、去民暴。兵家认为人们进行战争，不是主动、自觉地去寻求，而是迫不得已的行为，其目的是为了根除国家的祸乱、消除民间的暴乱，不是用来残杀民众、制造混乱的。这一战争目的，赋予了战争行动的政治内涵。三是，“讨不义”、“诛有罪”，是“义战”的政治目的和标准。古人把“义战”的目的确定为即“挟义而战”。这样的战争，虽然也要伤人毁物，但由于是代表了多数人的利益和社会发展的方向，所以不仅在战争的发起原由上有别于其他战争，在作战过程中也要体现其“仁爱”之心，只有这样做，才能获得广泛的支持。

5. 行不合道，患必及之

在吴起看来，“道”是事物的本源，可以使人恢复善良天性；“义”可以使人成就事业，建立功绩。如果行为不符合道的原则，举动不符合义的规范，而又执掌大权，身居显位，那么就一定会祸患临头。所以英明的君主总是用道来安抚天下，用义来处理事务，用礼来动员民众，用仁来抚慰百姓。发扬这四种美德，国家则兴盛；抛弃这些美德，国家则衰亡。当不得不动员民众参与战争的时候，这种仁爱精神就体现在如何保证战争的胜利，如何尽最大可能减少民众的伤亡上。要做到这一点，贤明的君主就必须首先体察民情，和谐内部关系，然后再从事征战。同时，不能过于信赖个人的智谋，必须预知事态结局，并选择最佳时机。通过这些努力，使民众知道他们的君主为爱护他们的生命、减少伤亡是周到备至的，然后再率领民众共赴战场。

孙膑将战争中的“道”置于决定战争胜负的关键地位。他认为所谓“道”的内容是很丰富的，包括懂得自然规律、了解民心民情、熟悉敌情、掌握排兵布阵的方法等才能成为王者。这里他把战争的正义性与民心联系在一起，认为战争的正义性往往通过民心的向背反映出来，战争的胜负很大程度上取决于民众的支持，所以他强调“内得其民之心”。

6. 主不可以怒而兴师，将不可以愠而致战

“主不可以怒而兴师，将不可以愠而致战”这句话出自《孙子兵法》，意思是说君主不可以因为一时的愤怒就轻易发动战争，将军也不可以因为一时的不快而出兵作战。相反，如果国君因怒而兴师，将军因愠而致战，那么其结局必然是害己害人，这样的例子历史上比比皆是。这样心态下的决策违反了兵法原则，影响了决策品质，必然招致最后的失败。所以，国君、将领不可以因为忍不住“一朝之忿”而做出错误判断，发出错误命令，让国家遭受巨大损失。

7. 师直为壮，曲为老

“师直为壮，曲为老”这一军事思想产生于春秋时代，出自

《左传》，指的是出师有名则理直气壮，出师无名则士气不盛。兵家认为兴兵打仗若合乎正义，又有德高威重的人临阵指挥，即使物质力量不足，也能最终取胜，而没有祸患。这是在强调战争的指导原则，必须以政治为基础和前提，政治上的优胜是最重要的优胜，是战胜敌人最根本的条件。政治能统治住民众，臣下拥护君主，那么军事力量就强；民众抵制政治统治，臣下反对君主，军事力量就弱。政兴则战胜，政衰则亡国，是普遍的历史规律。因为政兴可以上下同心，兵民一致，同仇敌忾，共同对敌；政衰则如一盘散沙，人心涣散，士气低落，不仅不能一致对敌，甚至可能导致内乱和倒戈。

因此，治政比治军更为重要，所以提出“良吏优于良将，善政优于善战”。尉缭子对战争与政治的关系进行了深入浅出的探讨，可以说是中国古代对战争与政治关系论述的代表。他说：“兵者，以武为植，以文为种；武为表，文为里；能审此二者，知胜负矣。”他以种子和株苗来比喻军事（武）与政治（文）的关系。这形象地说明了政治是根本，战争是从政治中派生的一种现象，是实现政治目的的手段。把二者有机统一起来，就能取得胜利，否则就会失败。

8. 甲兵之本，必先于田宅

进行战争离不开一定的物质基础，而战争的物质基础又是多方面的。在诸多的物质基础中，经济则是最核心、最根本的基础。战争从其实质上说，就是敌对双方为了一定的经济利益而进行的矛盾冲突。它既是引发战争的根源，又是制约战争发展和结局的基本因素。因此，考察了战争与政治的关系之后，还必须考察战争与经济之间的内在联系。

战争作为各方经济力量的较量，要消耗大量的物资财富，因此，没有一定的经济实力做基础，是根本无法进行战争的。对于战争依赖经济的问题，在生产力还不发达的中国古代社会，一些军事理论家就有过朴素的论述。著名军事家孙武曾说过："日费千金，然后十万之师举矣"，"军无辎重则亡，无粮食则亡，无委积则亡"。管仲则强调了农业和手工业在战争中的作用，指出："甲兵之本，必先于田宅。"又说："地之守在城，城之守在兵，兵之守在人，人之守在粟。"孙膑在其兵法中认为，"富国"是"强兵之急"。以上这些论述，尽管提出了一些有价值的观点，但对战争与经济关系的认识还是很狭隘的，还没有从理论上科学地揭示和阐明战争与经济的本质联系。

第五章

兵家的战略原则

兵者，国之大事，死生之地，存亡之道，不可不察也。

——《孙子兵法·始计第一》

1. 上兵伐谋，先计后战

在军事战略决策中，最重要的莫于过谋略的运用。谋略是在战争实践中对各种施计用谋手段的概括，与战略有着密切的关系。就其内涵来说，在中国古代这二者有相同和交叉的部分。

谋略一词最早出自于公元三世纪的《三国志·魏书·明帝纪》中。何曾于景初二年（公元 238 年）在上表中说：“宜选大臣名将”，“遣诣懿军，进同谋略，退为辅佐”。之后，谋略在兵家著述中逐渐被使用起来。谋略一词虽然出现较晚，但它的运用是与战争同时产生的，只是在先秦、秦汉时期，表述谋略概念时多用“谋”、“计”、“策”、“数”、“略”、“运筹”等词语。《史记》中记载的黄帝在与蚩尤的涿鹿一战中，就成功地运用了谋略，他联合夏族各部落，实施联盟战，并捕捉有利战机，一举打败了蚩尤。春秋战国时期，频繁激烈的争霸战争，使兵家更自觉地认识到运用谋略的重要，出现了一批论及谋略制胜经验的兵书，尤以《孙子兵法》为代表，把谋略运用提高到了理论水平。

对于谋略在战争中的重要性，先秦其他兵家和诸子也多有论述。如《六韬·文韬·六守》中说：“事之而不穷者，谋也。”《孙膑兵法·将义》中说：“将者，不可以不智胜。”秦汉以后，兵家对谋略经验的总结更自觉，论述谋略的专著、专篇变得多起来，对谋略作用的认识更加明确。西汉任宏整理兵书时，分为兵权谋、兵形势、兵阴阳、兵技巧四类，兵权谋位居四类之首，可见谋略在兵家心目中的地位之高。在古代把谋略当作一门学问进行专门研究的，可以说是在明代。当时出现了诸如《草庐经略》、《百战奇略》、《三十六计》等谋略著作，把谋略发展推向了一个新阶段。

2. 谋大局，定大略

谋略的原则是谋大局、定大略，讲求对战争全局的谋划，从战略的高度谋划，从长远的利益考虑大局。在军事实践上，有远见卓识的兵家无不注意到对全局的谋划。如战国时期的连横合纵谋略，诸葛亮《隆中对》中的东联孙权、北拒曹操的谋略，都是从战略全局出发制定的。历史经验证明，没有全局观念者是提不出高远谋略的。只有站在全局上看问题，从总体上谋划运筹，决策才能高人一筹。

古代兵家提倡谋大局、定大略，而往往这种战略性的全局谋略靠个人是难以完成的，因此，兵家特别强调集众人之智，共谋大略。《兵经百篇·谋》中说："智不备于一人，谋必参诸群士。"为了确保谋略的策划和实施，古代还设置了专职的谋略人员，即谋士、权士、谋臣、军师、参军等。历史上有名的姜子牙、伊尹、诸葛亮、魏征等都是谋士出身。

3. 知己知彼，料敌定谋

古代兵家谋略是建立在朴素唯物论基础之上的，因而历代兵家都把孙武提出的知彼知己视为料敌定谋的基础。

知彼知己基础上的料敌定谋不能一成不变，战争情形千变万化，制定谋略也就不能一劳永逸，因此古代兵家特别强调用发展变化的眼光来认识这一问题。兵家认为，凡是制定谋略都是有规律可循的，必须掌握问题的根本原因，并寻求它发展变化的情形，要在战前、战中、战后的各个阶段随时调查敌情，随时做到知彼知己，用孙武的话说就是："践墨随敌，以决战事。"

4. 伐交结盟，强己弱敌

最能体现谋略思想的是古代兵家所提倡的伐交。即通过外交活动进行联盟，同时破坏敌人的联盟，强己弱敌，达到取胜于敌的目的。

善于处理国家事务的人，利用大国的势力、依靠大国的力量挤压别国；利用强国的权威、依靠强国的力量削弱别国；利用权威国家的地位、依靠权威国家的力量降低别国地位。可见，无论强国弱国、大国小国，都可以用伐交争取联盟的方式达到强己弱敌的目的。

在伐交的方法上，兵家采取结成自己的同盟和瓦解敌人的同盟两种措施。这两种措施一般通过“说之以利”和“胁之以害”来实现。中国古代有名的联盟战，如合纵连横、三国时孙刘联盟等的谋划与实施，无不体现出伐交的重要性。而每一个联盟的结成或瓦解，都是与各自的利益密切相关的。正因为出于各自利益的考虑，在伐交斗争中才得以有效运用。

5. 五间俱起，必成大功

用间是兵家谋略的另一个重要内容。所谓用间，就是使用间谍。派出的间谍既可以侦查敌人情势，为制定谋略时的“知彼”提供依据，同时也可以直接分化瓦解敌人，是谋略运用的具体内容。

《孙子兵法·用间》中对用间的作用和间谍的分类给予了充分的论述。他把间谍分为乡间、内间、反间、死间、生间五种，只要“五间俱起”，就“必成大功”。用间作为用“兵之要”，是军队“恃而动”的重要依据，即制定谋略的重要来源。

历史上曾出现了许多成功的用间范例，如公元前260年，秦军攻赵，赵以大将廉颇率兵拒之。秦就派间谍携带重金到赵国活动，说秦军只怕赵括，不怕廉颇，廉颇无力作战，已经打算投降。赵王中计，免了廉颇的职，而以只会纸上谈兵的赵括代之，这正是秦国求之不得的，于是秦国大将白起率全军猛攻，赵括大败。

从这一教训中可以看出，用间作为古代谋略的重要内容，有时能够达到比强拼硬攻更有效的克敌制胜效果。

6. 不战而屈人之兵，善之善者也

古代军事谋略的最高理想是达到孙武提出的“不战而屈人之兵”的全胜目的。孙武认为要达到“不战而屈人之兵”的目标，以谋略胜敌是上策，硬拼硬打，甚至攻击坚守的城池，乃是下策，孙武不认为战争中人越多越好，反对恃武冒进，而主张凭藉谋略，巧取敌人。要实现不战而全胜，就必须在战前通过谋略和威慑等手段达到目的。

孙武的这一观点是一种“善之善者”的“用兵之法”、“谋攻之法”。它的途径是通过非暴力的政治、经济、外交等方法制胜敌人。其要旨是通过伐谋达到以最小的代价取得最好的战争效果与目的，因而受到历代兵家的推崇。

7. 先胜而后求战

战争是多种制胜因素的综合较量，因此，中国兵家特别强调战前的充分准备，把它视为一个战略性问题来对待。孙武在《孙子兵法·形篇》指出：“善战者，立于不败之地，而不失敌之败也；是故胜兵先胜而后求战。”战国军事家孙膑继承了孙武的这一战略思想，他说：“故无天兵者，自为备，圣人之事也”，认为如果对战争没有准备，就必然在战争中受到损失甚至失败。

战争准备是争取战争主动权和取得战争胜利的可靠保证。古代兵家认为，战争的准备是多方面的，要从政治、经济和军事等方面着手。所谓政治准备，就是要搞好内政建设，所进行的战争必须是正义之战。政治是战争胜利的基础，没有这个基础，再有利的物资条件也是无法充分发挥作用的。战争前的经济准备，主是要粮食的储备问题。这是兵家特别注意的一个方面，认为军队不治理，就没有可供使用的兵力；粮食不充足，就没有能够巩固的地方。治理军队在于管理和部署得当，储积粮食在于筹集与控制消耗有方。军事上的准备包括治军、选将、储备武器装备等。兵家把完备的武器装备看作是取得战争胜利的重要条件。武器装备的准备不能限于数量，还必须注重质量，不断改进和生产新的武器装备，这对敌人精神上就会产生威慑作用，收到攻无不克的效果。

8. 致人而不致于人

在战争指导上，孙武曾提出了一个著名命题："故善战者，致人不致于人。"（《孙子兵法·虚实》）认为善于指挥作战的人，能够调动敌人而不被敌人所调动。这是古代关于争取战争主动权的最古老、最常用的表述。

古代兵家继承了孙子的这一重要思想，对争取战争的主动权问题给予了充分的重视。尉缭子说，作为将领，要上不制于天，下不制于地，中不制于人，即在天时、地利、对敌斗争中都要争取主动，"善用兵者，能夺人而不夺于人"（《战威》）。《鬼谷子·谋篇第十》说："事贵制人而不见制于人。制人者，握权也；见制于人，制命也。"这里明确指出，战争中最重要的在于控制敌人而不被敌人所控制，能控制敌人就能掌握战争的主动权；被敌人所控制的，就会遭到致命的打击。唐太宗在《卫公问对》中说，古代兵法千章万句，不出乎"致人而不致于人"这一核心内容，主动权是军队行动的自由权，行动自由是军队的命脉，失去了这种自由，受制于敌，结果就只能是失败。

那么怎样才能“致人”呢？古代兵家强调，强大的力量优势，是主动权的客观物质基础。同时，古代兵家认识到，主观指导的正确与否，又可以直接作用于力量的优劣强弱和主动被动的变化。因此，古代特别强调充分发挥主观能动性来争取主动权，使军队立于不败之地，提出了一些争取主动权的原则：

（1）争取先机之利，形成主动态势

孙武在《虚实篇》中说：“凡先处战地而待敌者逸，后处战地而趋战者劳，故善战者，致人而不致于人。”先处战地，是争取先机之利的一个方面。我国有记载的最早的兵书《军志》就已经论述了这一问题，“失地之利，士卒迷惑，三军困败，饥饱劳逸，地利为宝”。《兵垒三十六字·先》条中说：“古人善战者，先为不可胜，以待敌之可胜，未有不先处战地而待敌者。”《登坛必究》卷六“经武”引用陈实的话，对先处战地的原因进行阐释，说：“争地之利，先居则佚（通逸），后起则劳”，逸则力盈，自然主动；劳则力竭，自然被动。在先机之利中，最重要的是先发制人，先发制人是进攻战的灵魂。《孙子兵法·九地篇》在论述战略进攻时强调“先其所爱，微与之期，”要求在开战之前就夺取敌人的战略要点。只要“先夺其所爱”，敌人就会陷于被动，听从我摆布了。孙武认为，要掌握战争的主动权，就必须处于进攻的态势，他说：“备前则后寡，备后则前寡，备左则右寡，备右则左寡，无所不备则无所不寡，寡者，备人者也；众者，使人备已者也。”（《孙子兵法·虚实篇》）在他看来，防备敌人是防不胜防的，防前则失后，防左则失右，到处设防则兵力分散，到处都是薄弱环节。只有进攻，“使人备己”，才能摆脱被动的困境。采取先发制人争取主动，往往能立竿见影。《尉缭子·战威》中说："权先加人者，敌不力交；武先加人者，敌无威接"，就是说先期破坏敌人的作战计划，敌人的兵力就无法使用；先动手打击敌人，敌人就措手不及。对于争夺先机之利与主动权之间的关系，《草庐经略》曾作了深刻的阐述："利之所在，我与敌皆争，唯先至者得之，得则人为我制，不得则我为人所制。"

（2）调动敌人，形成主动地位

《孙子兵法·势篇》说："故善动敌者，形之，敌必从之；予之，敌必取之，以利动之，以卒待之。"这里的"动敌"，也是调动敌人，争取主动的重要方法。

孙武认为，善于调动敌人的指挥员，敌人必然听从我的调动；投其所好引诱敌人，敌人必然上钩，用小利去调动敌人，用重兵去伺机攻击被调动出来的敌人。要善于在运动中打击敌人。为了创造主动作战态势，孙武主张用"利而诱之"，"胁之以害"的方法把敌人调动出来，使其脱离其有利阵地，进入对我有利阵地。他说："能使敌人自至者，利之也；能使敌人不得至者，害之也。"要在运动中与敌周旋，消耗歼灭敌人的力量，这是古代一个重要的战略思想。《孙子兵法·虚实》中所说的："兵之形，避实而击虚。""进而不可御者，冲其虚也；退而不可追者，速而不可及也；故我欲战，敌虽高垒深沟，不得不与我战者，攻其所必救也；我不欲战，画地而守之，敌不得与我战者，乖其所之也。"都是利用调动敌人，在运动中战胜敌人的方法。

古代兵家对于调动敌人，在运动中消灭敌人的思想进行了继承和发展，《百战奇法·挑战》中说："凡与敌战，营垒相远，势力相均，可轻骑挑攻之，伏兵以待之，其军可破。若敌用此谋，我不可以全气击之。法曰‘远而挑战，欲人之进也’。”《神机制敌太白阴经》卷一，《数有探心篇第九》说：“制人之术，避人之长，攻人之短；见己之所长，蔽己之所短。”这种避人所长，蔽（克服）己所短，控制敌人的方法，也是调动敌人，争取主动思想的运用之一。

战争中的“动敌”是相互的，在调动敌人的同时，必须防备被敌人所调动。对此，古代兵家也有足够的认识。《投笔肤谈·家计第二》指出：“且天下之乘，不在敌，则在我；不在我，则在敌。故己可以乘人，而人亦可以乘己者，不可以不防。人或有以谋己，而己亦可以谋人者，不可以不知，此兵之至计，不可不察也。”那么，怎样来防止被敌调动、被敌所乘呢?《投笔肤谈》的作者在其中说：“凡敌诱吾以利者，我思其灾。激吾以怒者，我思其变。此以有虞待不虞，不徒从人而忘自备也。”

可见，对于调动敌人，古代兵家的考虑是相当周全的。看到了问题的两面性，因而为了达到“进止战守繇（通由）我”这一始终处于主动地位的目的，他们提出“制敌者，非惟我所不欲，敌不能强之使动；即敌所不欲，我能致之使不得不然也”，充分体现了辩证用兵，争取主动的思想。

9. 兵贵胜，不贵久

速战速决是兵家指导战争的一个战略性思想。对于速战速决的论述，在兵家著述中可以说是非常多的。

春秋战国之时的社会是以农业为主的封建经济，这种自给自足的生产方式，对战争所能提供的财力、物力是有限的，当时众多的诸侯国疆土较小，财力、物力、人力都不充足，加上兼并战争频繁，战争拖久了，不但兵员不继、粮草匮乏，而且其他诸侯国还会趁虚而入，造成不堪设想的后果。所以无论在政治上、经济上还是军事上，都会使自己处于危险的境地。因此兵家指出，如果久拖不决，对自己就会造成惨重的损失，因此从战略指导上提出“兵贵胜，不贵久”的战略思想。春秋战国之后，虽然国家统一，国土扩大，但是封建经济的社会基础并没有改变，因而这一战略思想一直成为兵家遵守的传统思想。

兵家还认为，速能抓住战机，迟则生变。他们认为，能否抓住战机至为重要，而战机又是稍纵即逝的，只有速，才能抓住战机，只有抓住战机，才能实现速战速决速胜，否则就会被人所胜。抓住时机的关键就在于攻敌无备，出敌不意。如果行动迟缓，敌人就会有充分的准备，再想迅速胜敌就会增加难度。

10. 持久以待其衰

速战速决的实施是有条件的，只能在处于强大优势的情况下才能考虑进行，处于敌强我弱时，很难达成速胜的目的。这时，就必须以持久来争取时间，削弱敌人，转劣势为优势，转防御为进攻，最终取得战争的胜利。

战国以后，随着战争规模的扩大，参战人数的增多，武器装备的进步和作战样式的增加，战争持续的时间也就有了加长的可能，因而，战争时间的问题逐渐受到兵家的重视和研究。有关持久战的作用和意义，兵家有明确的认识，而且在战国之后的历代兵家著述中多有论及，归纳起来，主要有两方面：一是持久以待其衰，使敌由强变弱。兵家认为，持久是在敌强我弱的情况下采取的转化不利态势的有效措施。敌人初来，势不可挡，作为弱而防守的一方，就必须采取持久战。在持久中，必须坚持不为敌所怒的原则。任何敌人在我方坚守持久的情况下，都不可能永远气锐势盛。这时的持久不是战争的目的，而是转化敌强我弱态势的手段。二是持久“蓄盈”，壮大我方力量。持久待敌是消耗敌人的过程，也是壮大自己的过程。处于劣势的军队靠持久消灭不了敌人，自己在这一过程中也会受到削弱。因此，持久的过程必须是一个“蓄盈待竭”的过程，就是暗暗发展自己的势力，充分发挥我方潜力，以伺机克敌制胜。

当然，持久与速决不能绝然分开，持久不是消极避战，单纯防守，积极的防守除了通过“蓄盈”壮大自己之外，还必须通过在持久中袭扰、打击敌人来实现持久的目的，这就要求守中有攻，在整体上持久的同时，在局部实施进攻速决。只有这样，守中有攻，久中有速，才能在持久战中争取主动，最终战胜敌人。

11. 攻是守之机，守是攻之策

进攻和防守是战争运动的基本存在形式，也是兵家战略思想的重要方面。所谓进攻，是军队主动攻击敌人的作战，是消灭敌人、保存自己的主要手段；所谓防守，是军队抗击敌人进攻的作战，是直接保存自己和辅助进攻的手段。

首先，攻与守是对立统一的。就是说，进攻和防守同是制胜方法，敌我双方总是分为进攻和防御两种作战样式。如果我方把攻防运用得正确，敌方就会失败；敌方把攻防运用得正确，我方也会失败。进攻和防守各有职能，但不能截然分开，因为进攻是防守的转机，防守是准备进攻的手段，二者相互依存，相互补充，因而对攻守不能孤立地对待。

其次，攻和守的关系是辩证的，二者可以相互转化。战争中无论是攻向守的转化，还是守向攻的转化，都是为了取得战争胜利。在攻守的转化中，守向攻的转化尤为重要，先取守势，然后创造条件发动进攻，这是一种积极的防御。对于实施进攻或防守的条件，先秦时期的兵家还提出了许多具体措施。要从兵力对比情况、补给情况、战争准备情况来决定应不应该进攻。从兵力上说，敌人有兵力优势就不应当进攻；从补给上说，敌人补给充分就不应当进攻；从战争准备情况上说，敌人准备周密就不应当进攻。应当避实而攻虚，避坚而攻弱，避难而攻易。从综合考量，就是把天时、地利、人和等因素全部考量进去，灵活运用，才能在实践中取得成功。

12. 兵胜在气胜

军队的士气作为一种精神因素，与战争的胜负有着直接的关系。战争中的人是物质因素与精神因素的统一体，只有物质因素与精神因素共同协调得以发挥，才能更好地战胜敌人。兵家在战争实践中认识到，战争的胜负取决于物质因素，但同时又受精神因素影响，因此他们在重视物质力量在战争中作用的同时，十分重视精神力量的作用，把“激人之心，励人之气”当作军中的战略问题加以强调。例如“气”作为战争中杀敌致胜的勇气、士气，对战争的胜负有重要的决定作用。因为古人认为“战以勇为主，以气为决”。战争中的士气之所以能够发挥重大作用，在于它能够转化为物质力量。兵家认为，抱必死决心的将士，可以产生崩山倒堤的力量，以这样的军队作战就能必胜。吴起在对气机、气势进行的阐述中，还强调了将帅在鼓舞士气中的作用。吴起认为全军士兵能否振作，这种士气运用是否得宜，全在将帅一人。

可见，“气”作为精神因素在战争中与物质因素是相辅相成的，并且在一定的条件下可以相互转化，精神力量的“气”一旦转化为物质力量，往往可以成为克敌制胜中不可阻挡的行动。

第六章

兵家的战术原则

兵无常势，水无常形，能因敌变化而取胜者，谓之神。

——《孙子兵法·虚实篇》

1. 示形诱敌，兵不厌诈

春秋末期，孙武在他的兵法中提出“兵者，诡道”、“兵以诈立”。他认为战争中应该通过示形（指行军布阵表面所显示的意图）等方法来诱骗对付敌人，打乱敌人的作战部署，造成敌人的错觉和失误，从而一举战败敌人。战国末年的荀卿指出：“彼孙（武）、吴（起）者，上势利而贵变诈。”一语道出了兵家战术思想中诡诈性的特点。

孙膑之后对这一战术进行了发挥。为更有效地诱敌，孙膑创造了一些新的示形之术，他指出，这种战术的要领，就是千方百计“令敌无备”，然后再攻击围困之。在两军交战中，还可以故意丢盔弃甲、遗失一些牛马物品，伪装出狼狈逃遁的样子，这样就能在示形中诱使敌人掠物追逐，进入我军的伏击圈。《六韬·文韬·兵道》中对示形诱敌的诡诈战术进行了这样的论述：“外乱而内整，示饥而实饱，内精而外钝。一合一离，一聚一散，阴其谋，密其机，高其垒，伏其锐士，寂若无声，敌不知我所备。”从一些方面反映了诡诈示形战术的内涵。

归结起来，古代示形诱敌、诡诈制胜战术的运用主要体现在三个方面：

（1）隐真

隐真是实施诡诈之术的有效方法之一，即把我方真相隐蔽的毫无形迹。对战中如果把真实情况暴露给敌人，使之有准备、有对策，那也就不能称为诡诈了。“暗渡陈仓”就是诡诈隐真的典型。我方的隐真，对敌方就是一个示假的过程，是诡诈制敌的重要方面。

（2）示假

示假就是做出假样子给敌人看，以假掩真或以假乱真，让敌人按照我方制造的假情况行动，从而中计受挫。作战中的声东击西、调虎离山、以退为进、欲擒先攻，以及各种佯动都属于假的范畴。示假在诡诈战术中运用最多，也最实用。

（3）乱敌

乱敌是指用诡诈手段使敌方思维混乱，行动混乱，为我所制。乱敌包括两方面，一是利用离间计扰敌，瓦解敌人；一是在战术上制造错觉和不意，使敌队伍混乱，“乱而取之”。这是非暴力手段战胜敌人的一种形式。乱敌旨在打乱敌人的行动，促使其犯错误，造成过失。秦晋淝水之战就是典型案例。

可以说，由孙武开创的示形诱敌、诡诈制敌的战术，在中国古代自战国以后的2000多年中，一直为用兵者所熟记，成为历代兵家作战取胜的指南。

2. 阵而后战，兵法之常

讲究阵法，是兵家战术思想中常见而且非常重要的内容。阵法是古代兵家总结作战中兵力布置的不同而取得不同效果的经验教训，形成于春秋战国时期的调整队形、布置兵力的方法。

在古代战争中，阵法的变化发展经历了一个由简单到复杂、由小阵形到大阵形的过程。先秦时期记载阵法最多的兵书是《孙膑兵法》，其中有《八阵》、《十阵》、《十问》、《官一》四篇专门讨论阵法。孙膑认为军事斗争最重要的因素有四个：阵、势、变、权。将阵列排在首位，并列出了方阵、圆阵、疏阵、数阵、锥形之阵、雁形之阵等等阵名。虽然没有详细介绍，但从已有的文字来看，这些阵并不复杂。如锥形之阵，就是一种如剑锋、利锥般的攻击型队形排列，展开进攻时，先以精锐插入敌军，然后以强大的后续部队撕开敌阵的裂口，扩大战果。这种阵形不复杂也不神秘。到了汉代，阵法日益复杂。汉以后，各种阵法就更多了，在战场上布阵的兵力有时甚至超过十万。

虽然如此，阵法的特点还是可以认识的。《武经总要》卷七记载，宋代常用的阵是：大阵、东西拐子马阵、先锋阵等，这些都是不同军队作战时用于不同目的的阵形布置。

阵法作为古代战术思想的重要内容，在指导战斗上起着重要作用。归纳起来，阵法在古代战争中的作用主要有四个：其一，严格队列队形。阵的作用首先在于使士兵在战斗中依照严格的编制保持最适当的队列队形。在一场战斗中，将帅要将作战意图贯彻于全军，要使数千、数万乃至更多的军队协调配合而又能在特殊情况下各自为战，这就要求全军在战场上按严格的编制排列为一定的队列队形投入战斗。其二，充分发挥军队的战斗力。古人研究阵法的主要目的之一，就在于在战斗中最大限度地发挥各兵种、各种武器的战斗力。战车便于摆开队形在广阔的战场上对敌发起进攻，又便于结成车营进行临时性的防御；步兵的特点是机动灵活，能攻能守，特别是善于越险登高，克服各种地形的障碍，且能进行较为持续的战斗；骑兵的特点是迅速、灵活、冲击力强，善于进行长途的追袭。在一场战斗中，如何充分发挥三个兵种的长处而避其短处，如何在不同的情况下使三者进行最佳的组合等，常常是制定各种阵法的主要内容。其三，适应与利用地形。在广阔的战场上作战，必然会遇到各种各样的地形条件，根据各种不同的地形条件而进行不同的安排与部署，就是使用不同的阵法。其四，适应敌情变化。战争中敌情千变万化，军队的部署必须适应这些变化而采取相应的措施，根据敌方的攻守态势、兵种构成、主要兵器、战斗力素质等因素的不同，可以采用不同的阵法。

我国古代历史典籍和兵书中记载的阵法名称很多，但从其阵式上分析，大致可以分为两种形态：一种是方阵，一种是圆阵。方阵呈正方形或长方形，这是古代阵法的基本形态。因为军队中各级建制单位都有自己的行伍队列，排列整齐时是正方形或长方形，军队作战的基本配置往往是中军与左、右两军的组合，也就是一个横列的长方形阵式。这种方阵在我国古代长期使用，后来只是名称日益翻新，不只使用方阵之名而已。阵的另一种主要形态是圆阵。方阵主要是进攻型的阵式，而圆阵则是一种防御型的阵式。这是因为，每当敌军向己方进军时，为了尽量减少敌军的攻击面，将防御线尽力缩小，就必须将原来的疏散队形收缩为密集的队形，尽可能团为一个有机的防御体系。方阵和圆阵是阵式的基本形态，此外还有曲、直、锐三种类型，合称五阵。

在阵的运用上，古代兵家强调“阵无定形”，对前人留下的阵法、阵图，既要学习、研究和继承其中的宝贵经验，又不能以教条主义的态度去生搬硬套这些阵法、阵图。所以，阵作为古代战术最重要的组成部分，在作战指导上有其特殊的重要作用，在运用中既有规律可循，又要灵活变通。

3. 奇正相生，以奇制胜

奇正相生相变是兵家战术思想中的重要组成部分。

《孙子兵法》中用极为精练的文字，表述了奇正原理。首先，孙武将奇正作为战略战术上升到一个很高的地位。他认为军队一旦遭到敌人的进攻，保持不败的关键在于真正掌握奇正之法的神髓。他所说的奇正为：正面迎敌为正，机动配合为奇；明为正，暗为奇；静为正，动为奇；进为正，退为奇；先出为正，后出为奇……即一般的、常规的、普通的战略战术为正，特殊的、变化的、罕见的战略战术为奇。其次，孙武揭示了用兵的根本之道在于以正面交战为主，以奇变取胜。再次，孙武认为奇与正不可分割，而是互相依存，互相转化，如同圆环旋转，无始无终。孙武的这一思想，在实质上，是指变奇为正，化正为奇，临敌运变，循环不穷。

在奇正原理的军事应用上，孙膑运用的得心应手。他主张以奇制胜，以神秘莫测的战法战胜常规战法。孙膑指挥的桂陵、马陵一战，就是以奇制胜的杰出范例。出奇制胜是韬略家们普遍追求的最高目标，其中原因是因为出奇招可以从阻力最小、效益最大的途径达到目的，更符合当时的战争实际。

奇正的运用需灵活应变。奇正的运用是与虚实紧密相关的，要以奇击虚，避敌之实，必须明察敌人的情况，做出正确的情况判断。而兵家认为察清敌人的虚实还不够，还必须设法使敌人由实转变为虚，以有利奇正方法的运用。《孙子兵法》中提出了许多示形诱敌的方法，都在于使敌由实变虚，历代兵家也据此多有阐发。

4. 避实击虚，因敌制胜

“避实击虚”之法，源出于《孙子兵法》。孙武在《虚实》篇里说：“夫兵形象水。水之形避高而趋下，兵之形避实而击虚。”意思是说，用兵的规律像流水，水流的规律是避高而向下，用兵的规律是避实而击虚。其充分利用了敌人在分析判断能力上的弱点或有计划地造成敌人的失误，增大敌人正确判断己方行动的难度，使敌人判断错误，从而牵着敌人的鼻子走，夺取战争主导权。这是一条重要的战争规律，凡能以“实”击“虚”必胜。自孙武提出“避实击虚”的谋略以来，历经各个朝代军事家们的运用，无论在战争的实践上还是理论上，都有了很大发展。

虚和实的含义十分广泛，大致可归结为两个方面。一是指军队实力强弱优劣，强优者为实，弱劣者为虚；二是指敌我双方兵力布置的真伪，把兵力隐藏起来，以假象来欺骗敌人的叫虚，把兵力暴露在外面的叫实。指挥员如果能够正确利用它，善于钻敌人的空子，就能够使敌我力量的对比发生根本性的变化，变不利为有利，变劣势为优势，从而取得作战的胜利。

然而，战争中交战双方都在千方百计地隐真示假，这使得战争形势变换莫测。因此，要实现“避实击虚”的目的，首先要认真分析判断敌人作战计划的长短、得失等情况，弄清敌人的作战规律、兵力部署及所处地形的虚况；其次要采用示形诱敌的方法，使敌人暴露企图，而我深藏不露；第三是灵活运用作战原则，虚和实是相互变化的，指挥员应审时度势灵活大胆地实施指挥，促使双方虚实对比向有利于自己的方向转化。

参透虚实的对立统一规律、相互转化原理，迅速准确地料敌用兵，明察敌人而不被敌人明察，迷惑敌人而不被敌人迷惑，才能在激烈的动态较量中夺取优势和胜势。这就是取胜之道，是决定战争胜负、考验将帅指挥能力的关键。

此外，兵家历来主张方案的策划、制定一定要周全、细致、隐秘。“兵机贵密”是古今中外兵家用兵作战必须把握的一条重要通则。信息安全保密与作战胜负之间的关系是很密切的。能否有效地保证军事信息安全，对军队来说，历来是生死攸关的大事。这也是在虚实战中应该掌握的要领。

5. 以迂为直，出其不意

作战中要达到避实击虚的目的，往往要采取迂回战术。军事行动中的“迂”，是指为了达到某一军事目标而采取的一种曲折的、间接的途径和方法。迂回战术是绕向敌人翼侧和后方的机动，是在敌人的防御部署有暴露间隙的条件下实施的。战争不是直线运动，有时条件不许可，或途中有险阻，或直进遇到强敌，就需要采取迂回手段，兵家称之为“以迂为直”。

以迂为直战术原则依据的就是人们的思维惯性与思维死角，因为任何人在思维能力上都存在着不可忽视的惯性与死角。在军事对抗中，这些都是必为敌我双方充分利用的重要因素。迂回的实质是要选择一条敌人意想不到、抵抗力最小的路线，从而达到出其不意、攻其不备，以最小的代价换取最大的胜利。兵家在实践中认识到，迂回的实施必须与出奇制胜联系起来，把进行迂回行动的部队称为“奇兵”，如果不能做到出“奇”，就失去了迂回的意义。

实施以迂为直战术必须将迂和直进行统一，主要表现在兵力部署和时间、空间上的统一。

在兵力部署上，通常要以大部分兵力打正面，以小部分兵力打迂回。在这种情况下，迂回兵力的主要任务是袭击敌人的侧后、补给线、退路等，使正面之敌在精神上和防御的稳定性上受到震憾和打击，从而大大削弱敌人的战斗力。但以小部分兵力打迂回的办法并不是最好的形式，因为这种方法对敌人侧后的打击是有限的。一般来说，迂回到敌人侧后的兵力越大，对敌人的打击就越沉重。因此，有时也可以把大部分力量打在敌人的翼侧和后背上，便会取得极大的胜利。此外还有一种方式就是以佯攻正面直接牵制敌人，以几乎全部力量实施迂回。有时为了加强正面的牵制力量，又不减少迂回的兵力，就要通过示形、佯动、伪装等战术，造成主力要从正面直接进攻的假象，把敌人的力量紧紧地钉在正面上，使大规模的迂回获得成功。

要实现迂与直的统一，以迂为直，还要抓住迂和直在时间上的同时性，即使不在同一时间内，也要注意二者在时间上的联系，这种联系越紧密，获胜的把握就越大。

6. 专我分敌，以众击寡

集中兵力，以众击寡，是我国兵家在战争实践中总结出来的又一条重要战术原则。

孙武在《孙子兵法·虚实》中就提出在作战时要“我专而敌分”，“以众击寡”。所谓“专”，就是集中兵力于某一点或某一方向。不仅在进攻作战时要集中兵力，就是在防御中也要分清重点，集中防御。孙武提出的集中兵力的战术原则，在后世得到了广泛的继承和运用。

集中兵力在兵家中之所以成为战术上的共识而倍受重视，在于兵家已经明确认识到了集中兵力对作战胜利的重大影响。兵合则力强，兵分则力弱，力强则胜，力弱则败，因此兵家要求在全局上集中兵力，形成优势。如在整体上不能形成优势时，要尽可能在局部上集中兵力，以众击寡。因为在局部优势下取得的战果可以逐渐扩大为全局上的胜利。而在劣势情况下采取分兵战术，只能被优势的敌人一个个消灭掉，更不用说取得全局胜利了。

在集中兵力的方法上，兵家从朴素的辩证法出发，认为使自己的兵力聚合是集中，使敌人的兵力分散，对于己方来说也是一种相对集中。孙武提出的通过示形分散敌人兵力和隐蔽自己实力来使敌人处处防守分散其兵力的方法，受到历代兵家的重视。在这一问题上最重要的是根据实际情况，合理地分散和集中使用兵力，实行有重点的集中。兵力适当的分散，部队才有一定的条理；兵力适当的集中，部队才有必要的策应。只有能迅速把分散变为集中，迅速把集中变为分散，才算是使用兵力的最好方法。在进攻中，必须形成兵力集中、以众击寡之势，或者使用奇兵，以少胜多。在防御上也必须适当集中兵力，防止被敌人各个击破。

7. 选择地形，因地制胜

我国早在先秦时代就有了专门的地理学著作。作为地理学重要分支的军事地理学，在先秦时期也已表现出了其独有的特色，《孙子兵法》中的《地形》、《九地》、《行军》等可称得上先秦时代兵要地理和战术地形的不朽篇章。自孙武开创战术地形研究以来，历代兵家都非常重视对战术地形的研究，而且不断提出新的战术地形分类和作战运用原则，极大地完善和丰富了我国古代的战术地形学。

关于地形在作战中的重要地位，孙武对他所认识到的地面空间进行了具体的分析，并且归纳出一个精辟的结论："地形者，兵之助也。"孙武认为，作为一名指挥员，如果不能上知天文、下知地理，那他必定是不称职的。只有懂得地形和地形的运用，才算懂得用兵；如果只了解地理环境的自然形态，而不懂得它对军事行动的影响和规律，就不能在作战时合理利用地形地物。

由于地形在作战中起着至关重要的作用，兵家无不主张占据有利地形，创造制胜条件。选择地形和利用地形是由人决定的，因此，必须充分发挥主观能动性，依据掌握的材料，判断哪些地形对我有利。孙武是中国古代对军事地形分类的第一人。《孙子兵法》中涉及了几十种地形名称，只有了解他的分类标准，才能正确把握其确切含义。一般认为，孙武在军事地理学上采用了两种区分地理门类的标准：一是分为战略范围的军事地理和战术范围的军事地形；二是按照自然地理和人文地理把地理环境分为地表形态类和军事理论类。

孙武关于军事地理的分析，对后世产生了深远的影响，在古代军事地理的分类中也最具有代表性。关于战术地形的一般作战原则，孙武指出，敌军占领山地时，我军不宜仰攻；敌人背靠高地时，我军则不宜正面攻击。因为山地便于防御，敌人可以利用天然的或人工的防御工事和器材增强防御的稳定性。部队露营在阳光充足的地方，才能不生疾病，利于休养，保持战斗力；人马驻在靠近水草，或避风雪、防山洪、利粮道的良好地段，胜利才有保障等。

平原地形是春秋时期车战的主要战场，平原地形开阔，因而缺乏天然屏障或急剧起伏的地形可以利用，这是它不利的一面。但是，地形开阔平坦、畅通无阻，便于部队变更部署，实施机动，这又是其有利的一面。孙武充分认识到了平原地形作战的特点，指出要选择平坦开阔的地带展开兵力，同时将主要翼侧依托于高地，居高临下，居利击害。这里需要注意的是要时刻保持粮道的通畅。

在山地行军，孙武主张必须实施强行军，注意选择有水草之利和高地之险的地区为依托，以保持可以应变的有利态势。一旦同敌人遭遇，则应居高临下俯冲而不宜仰攻。孙武还阐述了四种具体的山地作战原则，这就是《地形》篇中所列举的“挂形”、“支形”、“隘形”、“险形”。

江河是古代军队作战的天然屏障，因此无论行军、宿营、作战，都要针对其特点，恰当部署和指挥。部队通过江河后必须迅速远离，目的是避免背水作战，退无所归。敌人渡过河水进攻的时候，我方不要在水中与敌人迎战，而是要让敌人渡过一半的时候进行攻击。如果我方不准备迎战，那就要在面水列阵，使敌不敢轻易强渡。不要处于水的下游，防止敌军从上游或顺流而下，或决堤放水，或投毒放药。孙武提出的“半渡而击”的原则，后来又发展成为近海作战的指导原则。

孙武在《行军》篇中还提到了六种特殊天然屏障的地形，与《孙膑兵法·地葆》中提到的五种地形相同或相似。

孙武之后的古代兵家也有系统提出战术地形分类以及作战原则的，虽然与孙武所列战术地形分类方式不同，但内容却多有重复，大多包含在孙武所论战术地形之中。

第七章

兵家的治军思想

赏无度则费而无恩，罚无度剐戳而无威。

——《孙子兵法》杜注

1. 争天下者，必先争人

春秋战国时期，由于连年征战，人民生活痛苦不堪，民众逃亡流徙。在这种情况下，争取民众，取得政胜、道胜就显得特别重要。各诸侯国为争取民众，采取了不少措施，但仍然是“邻国之民不加少，寡人之民不加多”。一切有见地的政治家、军事家、思想家无不为争取民众而竭虑，于是“保民而王”的民本思想应运而生。以后历代王朝，无不重视争取民众问题，如唐太宗李世民，把君主和人民比做舟和水的关系，用以激励自己，告诫子孙。

在决定战争胜负的战场上，民众的作用更是举足轻众。《管子》在论述国家、战争和民众的关系时说，国家威望的提高，有待于战争的胜利；战争的胜利，有待于民众为我所用。如果没有民众的奉命守法和牺牲精神。则战不胜，守不固，国家就难得安宁。孙膑在他的《孙膑兵法·将失》中把多数战争失利的原因归于将帅处理问题失当，而引起士卒和民众不满造成的，从而得出结论“得众胜”。争取民众，最重要的就是要采取有力的“利民爱民”措施。

古代兵家争取民众的思想和措施，有的是出于对人民的同情，反映了人民的愿望和要求，有的则是出于维护统治者的利益，迫于形势而把民众作为实现自己政治目的的工具。但不论哪一种，在当时的历史条件下都具有一定的现实意义。

2. 择将之道，唯审其才

对于任何一支军队或一次战争来说，选择一个称职的将领，是第一要务。古代兵家对此有过不少论述。将帅才能的大小，并不决定于官阶的高低，宋代名将范仲淹指出：“将不择人，以官为序，致败之道也。”

兵家在总结选将、用将经验基础上，提出了许多原则，但在最根本的原则上比较一致，那就是主张唯才是举，按名督实。在选将的具体方法上，兵家主张：

破除世袭制度和门第、地域观念。在奴隶社会时期，在宗法制的统治下，将帅必须由王室和诸侯国世卿担任，士也必须是贵族出身。这种世袭军职的制度，造成军中唯亲而用，即使有些人“德不称其任”，“能不称其位”。到了春秋时期，贵族世袭制逐渐松动，开始有了举贤之说。但当时的举贤，只是把任贤的界限扩大到贵族中地位较低者而已。战国时期的秦国，把打破世袭、门第、地域的举贤任能推向了深入。秦国因此国势日强，国威大振。

选拔将帅必须经过全面的考核。历代兵家都反对以貌取人、以言取人，主张经过实际考核，确有军功政绩者才加以任用。兵家认为将相要从基层选拔，选拔的方法是以行取人，要围绕德、才、武、学等各方面做综合考察，对现象与本质、大节与小节等做透彻的分析，只有这样，才能为择将创造良好的基础。《六韬·龙韬·选将》中记载了姜太公的选将认识，姜太公说，人不可貌相，外貌多有与其内在心理、才能不相符的；而一般人看不到人才的内蕴，没有知人的独到之见，是难以看出他深藏的才华的，因为这种人才往往外表与本质是不一致的。

选择将帅必须量才录用。兵家强调，选将要估量将帅才能大小、能力类型，恰当地选拔录用，以便达到人尽其才、才尽其用。兵家还认为依据将帅才能的层次，大才大用，小才小用，避免大才小用浪费人才或小才大用而力不胜任的情况出现。

选择将帅要扬长避短，不可求全责备。兵家认为选将用人的关键，是用人所长，而不在求其为完人。当然，要扬长避短并非易事，首先要知人长短，其次要用长舍短，同时在用人之长时还要抑人之短，这是不易做到的。

3. 用人之道，全在于信

择将的根本目的在于用将。我国兵家历来认为，当将领选定之后，必须讲究“用将之道”，而用将的关键在于：第一，兵权贵一，赋予将帅军事指挥的全权；第二，用人不疑；第三，严格要求，厉行赏罚。

（1）兵权贵一

“将在军，君命有所不受”，是我国古代作战指挥中的一条重要原则。早在《孙子兵法·谋攻》篇中就专门论述了这一问题，称作“将能而君不御者胜”。也就是说，对于一个有能力的将领来说，只有不受君王的干预才能打胜仗。这是因为，在通讯设施极其落后的古代，国君并不能及时准确地了解战场上的情况。不了解敌我双方的具体情况，只能靠推测来指挥，这种指挥多半是不符合战情的，因而多数要失败。战场情况是千变万化的，这就要求指挥权只能掌握在亲临战场的将帅手中，实行指挥权的高度集中。国君应当充分信任和尊重将帅指挥作战的自主权，做到“军中之事，不闻于君，皆由将出”。只有这样，作战时将帅才能“无敌于前，无君于后”，充分发挥主观能动性。

（2）用人不疑

兵家把用人不疑与用人疑之，看作是用人得失的原则分界。如果用人者“中制”、“外监”、“分权”、“信谗”，致使将领或者部属担忧被谗言所毁，有遭讥讽之虑，谁肯殚精竭力，尽心尽力去作战呢？因而，用人不疑也是历来被兵家所重视的。

（3）厉行赏罚

对于将帅，应当用之不疑，并授以实权，充分发挥其临战指挥的能动性，这是用将的一个方面。另一方面，对将领又要严格要求，使之成为军队形象的体现者。《尉缭子·重刑令》认为，凡是统兵千人以上的将领，都肩负着国家的重托，如果临阵退逃，就应被宣布为“国贼”，给予最严厉的刑罚。凡是有作为的国君，都应当“明制度于前，重威刑于后”，对各级将领提出明确的要求，违反者就加以重刑。

4. 总文武者，军之将也

随着战争的发展，专职将帅的出现，对将帅知识结构和素质修养的要求也越来越高。将帅素质问题成为历代兵家探讨的重要内容，历代兵法及史料中对此都有所论述。

最早提出为将标准的是孙武，他在《孙子兵法·计篇》中说：“将者，智、信、仁、勇、严也。”历代注释和研究《孙子兵法》的军事家，都特别重视这一论断。《孙膑兵法·将义》提出为将的标准是“义、仁、德、信、智”五条，《司马法·仁本》强调将帅应具备“礼、仁、信、义、勇、智”六种德行，等等。这些说法虽然不尽一致，但大同小异，对一个将帅来说，总的要求是能文能武，有勇有谋。

第一，要成为一名合格的将帅，必须要有智慧。战争不仅是勇气的较量，也是智力、智慧的竞争。一是精于“诡道”，旨在“先计而后战”，先斗智，后制胜。只有精于诡道，才能掌握战争的主动权。二是要富于创造力。兵家强调将帅用兵必须不师古法，富于创造。所以，打破陈规，敢于创新，是将帅聪明才智的表现之一。三是要有洞察力。洞察力对于将帅是至关重要的。在战争实践中，有的将帅表现出“事前诸葛亮”，有的却总是“事后诸葛亮”，这种“事前”与“事后”之差别，是与将帅洞察力的强弱密切相关的。有了敏锐的洞察力，将帅才能在纷繁复杂、变幻莫测的情况下，拨开笼罩在事物表面的云雾，迅速看清本质，抓住关键，做出正确的战机判断。

第二，将帅所应具备的另一基本素质是勇。战场是生死之地，非勇敢不能临敌，非果敢不能应变，因此勇敢果断对于将帅来说是必须具备的素质。一是要能披坚执锐，身先士卒。将帅在战争中的身先士卒，历来被兵家视为振奋军心、提高军队战斗力的有效手段。二是临危不惧，处事果断。战争中将帅的一举一动都会对全军产生重大的影响，将帅在瞬息万变的战场态势中，能够保持坚强的意志，冷静的头脑，必胜的信念，并通过自己的气度、情绪去稳定军心、增强斗志，也是“勇”的重要内容。三是进不求名，退不避罪。将领的果敢英勇体现在勇于负责的精神上，就是孙子所说的将领必须有“进不求名，退不避罪”的高尚品德，要敢做敢为，只有这样，才能“战胜于外，功立于内”。

“智勇双全”是我国古代对将领所应具备的综合性素质的精炼概括，一名有作为的将领必须文武兼备，智勇双全，两者相辅相成，缺一不可。

5. 将有五危，必死可杀

《孙子兵法·九变篇》有云："故将有五危：必死，可杀；必生，可虏；忿速，可侮；廉洁，可辱；爱民，可烦。凡此五者，将之过也，用兵之灾也。覆军杀将，必以五危，不可不察也。"孙武这里的"死"是指死拼蛮干；"生"指贪生；"忿"指急躁易怒；"廉洁"指沽名钓誉；"爱民"是指不分情况地宽仁爱民。孙武认为，以上五种是用兵的大忌，军队覆没，将领被杀，必定由于这五种因素引起。下面我们主要分析一下"必死，可杀"、"必生，可虏"以及"爱民，可烦"。"必死，可杀"。有勇无谋，只知死拼蛮干，就可能被敌诱杀。"勇"固然是好的品格，而有勇无谋，也会导致不好的结果。"必生，可虏"。临阵畏怯、贪生怕死，就会被俘虏。"贵生"固然是人的一种本性和合理要求，但是将帅如果过于"贪生"而无勇，临阵畏怯，不敢闯战场，那也难成气候。"爱民，可烦"。兵家强调对待士兵要"仁"，但是关怀和爱护都要适度，假若对士兵过分厚养，一味溺爱，违反了纪律也不严肃处理，这样的军队是打不了胜仗的。同时也会被敌人抓住弱点，并利用它进行有效的攻击。

兵家极力主张将帅要有良好的个性修养，要有大将风度，要冷静沉稳，不急不躁，处变不惊、从容对敌，是其"慎战"

思想的具体体现。

6. 明法审令，以治为胜

《尉缭子·制谈》中说："凡兵，必先定制"，作为军队，必须首先制定各种规章制度、军法条例，号令要明确，法制要审慎，就可以造就出具有战斗力的队伍。

兵家强调，任何军队都有军制军令，一经确定并宣布之后，就要严格执行，不能朝令夕改，更不能有令不行。将帅有威严，是由于号令严明；作战获得全胜，是由于军政修明；士卒拼死力战，是由于听从命令。因此，将帅命令不可更改，奖赏惩罚言必有信。一方面将帅本身必须带头执行，全军将士才能共同遵守；另一方面将帅执法必须彻底，要以共同遵守军法军令为原则，一视同仁，不能心慈手软。虽然将帅对军法军令的制定与执行，以身作则是必不可少的，但军令的执行与战斗力的提高，最重要的还是通过士卒的执行来实现。因此，古代兵家对士卒执行法令提出了许多要求和标准，但只是明申法令，并不能完全达到以治为胜的目的，将帅还必须采取恩威并施、赏罚严明等辅助性措施，才能收到良好的效果。

7. 令之以文，齐之以武

在军队建设上，为了适应新兴地主阶级进行战争的需要，兵家提出了一系列治军主张，其核心是“令之以文，齐之以武”。“文”就是奖赏，重赏有功的官兵，提拔立功的将士。“武”是惩罚，是严刑。文武并用，恩威并施，是孙武治军的基本主张。

历代兵家都视赏罚为治军要务，把申明了的军法军令作为严行赏罚的前提。因为他们认为赏罚是激励士气、整肃军纪的有效方法。古人把赏罚视为治军的重要问题予以强调，是有其原因的，他们相信重赏之下，必有勇夫。兵家还从人的畏死乐生本性论述了赏罚可行的原因。除此之外，人还有争胜心和畏惧心，而赏罚则可以有效地抑制畏惧心和激励争胜心，只要引导有方，对战争都是有利的。

对于赏罚的实施，兵家总结了一系列经验。首先，赏贵信，罚贵必。在制定并公布军法军令之后，就必须贯彻执行，该赏的坚决赏，该罚的必须罚。否则，就会适得其反。其次，罚贵大，赏贵小。对于惩罚，要敢于制裁违法犯纪的上层人物，以儆效尤；对于奖赏，则要不分俗卑，以励士卒。将领如能够做到这一点，就是将威之所在。同时，这一方法使军法军纪转化成了遵纪守法之心，可以提高军队的战斗力。再次，罚不避亲，赏不嫌疏。赏罚不避亲疏是将帅管理军队的重要原则。我国历代兵家都视之为考察将帅的一个标准。最后，赏不逾日，罚不还面。奖赏要及时不过夜，惩罚要随犯随罚，当机立断，不要耽搁。赏罚及时实施的目的，是为了及时地激励将士能继续立功，或杜绝违令之举再犯。

赏罚原则的实施，归根结底都是以加强军法军纪、提高军队战斗力为目的的，因而明赏于前、决罚于后是实施赏罚原则的前提。为了让将士能在战场上遵守军法，服从指挥，必须在平时反复地强调军法军令，使全军熟悉军法军令，养成良好习惯。只要平时注意养成良好作风，战前明申赏罚，就能在关键时刻令行禁止，达到以治为胜的目的。

8. 教以礼义，明以廉耻

军队建设离不开政治思想教育。政治思想教育是为一定阶级服务的，因而无论是奴隶社会、封建社会，教育的内容都有明显的阶级性。尽管各时期各阶级的政治观、战争观不同，但他们无不主张以本阶级、本政治集团的思想来教育军队，统一军队的思想，使军队成为一支为统治阶级政治目的服务的工具。

兵家认为，思想教育的目的应该使军队树立明确的荣辱观念，军队只有明礼义，才能在战场上“以死为荣，退生为辱”。因此，思想教育的内容都是围绕礼义廉耻展开的。《管子》把“礼、义、廉、耻”称为“四维”，作为思想教育之纲。其他兵家虽然提法不一，但大同小异，都是把“礼”、“义”作为统一的标准，对军队进行荣辱生死观的教育。

古代还把明礼义看作是将士保家卫国、出生入死、不怕牺牲的支柱。在有些兵书中，往往把“忠”、“义”相提，把争取士卒之心的“练心”与忠君亲王并论。“忠”君是关系到军队政治方向的大问题，做到“忠君”，就意味着爱国，将士就会为国家赴汤蹈火。只有将士团结一心，将帅对国家忠心不二，才能同生共死，誓死作战。对此，我国古代兵家多有深刻认识。兵家把“人和”看作是上下团结一心、和衷共济的基础。这样，将帅便起着把统冶者的意志施于士卒的重任，从而在达到齐心协力的过程中处于上通下达的枢纽地位。

纵上所述，古代对军队政治思想教育的中心内容，是教士卒以礼义，使其树立荣辱廉耻观念，以忠君思想为指导为统治阶级发动的战争服务。

9. 严格训练，讲究方法

一支军队战斗力强弱的体现，除了有坚定的政治思想外，还必须以严格的军事训练来实现。

古代兵家对军事训练的重要性有深刻的认识。《孙子兵法·计篇》把“士卒孰练”、“法令孰行”视为战争胜负的重要条件。

兵家练兵的指导思想强调了两点：一是训练从严，一是练以致用。训练从严主要是指训练科目从严和赏罚从严。练以致用，主要指从实战需要出发，为战而练。

（1）训练内容

古代军队训练的内容很多，车、步、骑、水等不同兵种和同一兵种中不同的分工，都有不同的训练科目；兵器种类的多样化，也要求兵器科目训练的多样化。如在《武备志》一书中，仅关于熟悉旗鼓指挥的训练就写了八卷。这些训练不是杂乱无章的，早在先秦时期，就有人对军事训练的内容进行了梳理总结。《管子·兵法》中说，所有的训练不外乎是耳、目、手、脚、心这“五教”的训练。

练旗鼓即练耳目，就是训练将士“审金鼓”、“辨旗帜”。古代作战，全靠击鼓鸣金，挥动旗帜来进行指挥。在广阔的战场上作战，不可能听到将帅的声音，也不可能看到书面的命令，因而古代军队运用旗鼓这一通讯和指挥方式，可以迅速而有效地将各种指挥号令、联络信号传达给全军。但由于它内容复杂、头绪繁多，就必须花费较多的时间来进行训练，才能使全军将士熟悉一整套指挥号令。一般采用两种方法：一是严格要求各级将领首先要十分熟悉里面的内容程序，将是否明号令作为对各级将领的日常考核内容之一；二是将有关各种号令与其他军法军令编写成册，印发全军，随时教练。

军队训练的核心是要磨练士卒的思想、意志、胆识，提高士气。作为军队训练中最重要的胆气训练，自先秦而下，我国历代对此都有充分的认识。练胆气作为练兵中最重要的训练，也是最难的训练，作为将帅要在这方面特别下功夫。练胆气的根本途径是通过思想教育和赏罚的作用，让士卒明白为何而战，为谁而战，从而把当兵参战视为与自己的荣辱廉耻休戚相关的自觉行动，同时以将帅的身先士卒的行动，去激励士兵同心共战，奋不顾身。

大凡军事训练，总是从队列训练开始的。所谓队列，就是军队在战阵中的行列，其基本要求就是《司马法·严位》中的“立卒伍，定行列，正纵横”。古代军队之所以重视队列训练，主要有以下几个原因：其一，在冷兵器时代，作战以刀矛弓弩等近战武器为主，因此，古代作战有“行惟疏，战惟密”这一基本原则。就是说，在队列中行与行之间宜疏一点，各种兵器才能施展得开，不至于相互影响；但整个战斗队形，则宜密一点，以便形成打击力。其二，从经常性的队列训练中，培养军队坚决服从命令的良好作风，真正做到令行禁止，军令如山。其三，以队列训练为基础，才能训练各种战术配合，训练各种阵法的排列、变化。古代作战特别讲究阵法，而各种阵法的布置与变化，都是以队列的变化为基础的。队列训练的好坏，直接关系到战阵布局的好坏。

拳术是古代军队中一个传统的训练项目。《荀子·议兵》中论述各国军事训练时，说“齐人隆技击”，这种很盛行的“技击”，就是一种拳术。相传宋太祖赵匡胤在练兵时就规定必须学拳，还编制了“三十二势长拳”。兵家认为，拳术一是可以强身健体；二是使用各种兵器的基础，有了拳术基础，再学习各种兵器就容易了；三是可以增强徒手博斗的能力。

练器械就是练习各种兵器的使用以消灭敌人或完成其他作战任务，它是古代军队训练量最大的练习。古代战争有步战、车战、水战、骑战等区分，因而使用的兵器自然繁多。每一种兵器的使用，都有一定的方法、步骤，都需要平时刻苦训练，才能熟练掌握，因而古代军队都很重视兵器训练。

值得一提的是，早在战国时期，兵家已经把谋略训练列为训练内容，如《吴子·治兵》就把“以近待远，以逸待劳，以饱待饥”等带有谋略思想的内容，纳入训练之中。这是训练思想的一大突破。

（2）练兵方法

把训练内容有效地转化为军队的战斗力，就必须通过一定训练方法来实现。因此，兵家对训练方法尤为重视，并在长期实践中，总结了许多有益的经验。

由浅入深，循序渐进。对任何事物的学习，都有一个循序渐进的过程，军事训练也是一样。兵家把兵法内容分为道、天地、将法三个级别，把战术训练层层分解成步法，让将士一点点熟练掌握。

合理编组，因人施教。古人认为，一方人有一方人的性格和风俗，用国家的政令和军队的法令可以改变这些风俗，但必须注意到这些风俗的差异，以便因人因时而教。兵家还特别强调依据各人的不同秉性和特长，有重点地培养精锐力量。

逐级施训，分合相兼。兵家主张军队训练必须按照建制，分层施训，分工教练。在训练中，各级将领分工负责，按照先单兵、后战术，先基础、后提高的原则，同时要采用培养骨干进行演示的训练方法。军事训练是单兵技术与战术训练的综合体，因此，古代在单兵训练基础上，还十分注意综合演练和校阅。

因便而教，灵活机动。古代的军事训练并不是僵化的、一成不变的，而是在训练中充满了革新的思想，在战争的发展实践中对战术和训练方法不断进行改进。这是古代军事训练中极其难能可贵的宝贵财富。一般的训练要根据具体环境条件，怎样有利就怎样训练，训练的内容与方法都不墨守陈规，运用起来也不能重复照搬，而要活练活用。

总之，训练内容和训练方法是军事训练中的两个重要方面，两者只有相辅相成、紧密结合，才能提高训练效果，增强军队的战斗力。

10. 使忿怒而后出战

《孙子兵法·作战》中说：“杀敌者，怒也。”这一思想受到兵家的高度重视和发展。

军队作战靠的是士气，士气所以能激起来，靠的是激起士卒对敌人的仇恨。所以善于用兵的人，都注重激励士卒，鼓舞士气。鼓舞士气的最有效手段就是晓之以义。这里的“义”，就是正义感，使士兵抱着正义感去作战，对敌人义愤填膺。这样的军队打起仗来就能所向无敌。

培养士气和激起对敌的愤慨是有一定规律和技巧的。在临战之时，鼓舞士卒同仇敌忾最能直接将士气转化为作战时的战斗力，所以兵家认为出兵伐罪之前，必立誓文来坚定取胜的信心，这种做法自夏商以来一直被沿袭下来，成为鼓舞军心士气、激励士卒的一个重要手段。《尚书》记载，三代英明的君主，出兵讨伐敌人，都要制定誓命文告，用以鼓舞军队士气，坚定将士胜利的信心，并把它视为作战的首要问题。《淮南子·兵略训》把“蓄怒”与战胜联系起来，作为一个因果过程。可见，士气对于战争胜负有着直接关系。

11. 谨养勿劳，并力积气

兵家认为，无论在任何条件下，将帅都应当注意保持军队的士气，使之常鼓不衰，古代称之为“养气”。无论是在战前、临战还是战后，都应当注意养气，因为“人之壮气，值大战后败则必挫，即全捷而气必泄（放松）”，所以要“渐渐蓄之，渐渐鼓之。养之使盛，以图再举”。

治气、养气、用气是“兵以气胜”战略思想中的重要环节，掌握、运用好了这几个环节，就能使军队士气常盛不衰或衰而复盛，为克敌制胜创造永不枯竭的精神力量。兵家提出了战败后养气的具体方法，“如值屡败之后，人心怯弱……便当据险守要，坚壁不出，休众习战”等等，只要善于治气、养气，并善于用气，则“无人无时而不可奋也”。

第八章

兵家的法治思想

九家之说蜂出并作，各引一端，崇其所善，以此驰说，取合诸侯。其言虽殊，辟犹水火，相灭亦相生也。仁之与义，敬之与和，相反而皆相成也。

——《汉书·艺文志》

1. 兵家法治思想的认识基础

兵家以研究作战指导为中心，广泛思考哲学、政治、道德、外交和战争等方面的问题。简略地认识一下兵家在这些问题上的观点，有助于我们理解其法治思想。

（1）现实主义哲学观和辩证思维方式

兵家、法家、纵横家等对人性及当时的社会变革都持现实主义的态度。他们认为人性是恶的，是好利恶害的。在社会急剧变动时期，人的这种本性表现尤为明显。个人是这样，由个人组成的社会集团也是这样。对此，不能用启发人心中善性的办法来说服他们，只能用利益来引导他们，用武力来控制他们。因此，就有了赏罚、法治、耕战等各种手段的运用。这种现实主义的观念以韩非的论述最为充分、有力、具有代表性，兵家的孙膑对“战胜而强立”等观点也有较充分的论述。兵家主张以法治军和树立将威的主张与这种认识有关。

兵家在思考力之运用时使用了“虚实”、“正奇”、“利害”等辩证思维方法，孙武、孙膑表述得最为清楚。在他们看来，力有不同的表现形式：阵形中正面的力和侧翼的力、运动中的力和静止的力、明显的力和隐藏的力等。它们有不同的功效，要善于综合运用。这样的思维方式在治军中就表现为善于运用爱与威、赏与罚、文与武等手段来控制军队。

（2）义战和慎战的战争观

兵家持有一种道义的战争观，即认为战争应从属于正义的政治。这种观念给战争赋予了一种正义的性质，即战争只是推行良好政治而迫不得已的手段。

“义战”的观念引申出“慎战”的观念。战争具有空前的破坏力，对交战双方都没有好处。因此兵家主张尽可能通过外交、谋略等手段解决争端，不要诉诸武力，认为“上兵伐谋”，以“不战而屈人之兵”为上策。即使万不得已非要打仗，也要尽可能将战争限制在局部并在短时间内结束。

从这种战争观出发，兵家合乎逻辑地引申出“正义法治观”，即法治要具有正义的性质和价值取向。同时，由慎战观引申出慎刑的法治观。“正”是指从道义、武德、民心、上下同心等价值要求出发，兵家多数都主张治军手段以德教为主，对于刑罚的执行持一种宽容的态度，即不滥杀滥罚，更反对不教而诛。

2. 兵家法治思想的演变

先秦兵家经历了春秋战国几百年间经济、政治生活和军事技术、制度等方面的巨大变化，经过了几代人的反思，形成了一套相对独立的、以解决治军问题为中心的法治思想。

孙武提出的法为“五事七计”之一，提出了制定组织编制、令文齐武、将权独立等观点，构成了兵家法治观和法治术的基础。吴起从不同方面对其做了发挥，如他的以治为胜、法令约省、执法严明和爱兵如子等。但前期兵家只提出了这些行之有效的办法，却没有进行更深的理论阐述。

战国中后期的兵家继承了前辈的思想，不但从理论上对法进行了深一步的探讨，而且在实践上对法制方法进行了细致的设计，把兵家的法治观和法治术提到了一个新高度。如孙膑的道义战争观、治军以信、赏罚的作用与局限，《尉缭子》的制论和各种军令等等，都极大地丰富了早期兵家的思想。由于理论思考的深入和各种学说的互相影响，尤其是治军实践对于理论指导的需求，后期的兵家思想中明显地表现出吸收其他学派观点的特点。

兵家和兵学在西汉中期后发生了变化，逐渐丧失了在哲学、政治学、法治学上的思想创造性，演变成了纯粹讲求军事策略技术等的学问。此后虽然出现了一些著名的论军论法的人物，但他们在思想深度上都没有超过先秦兵家。

造成这种思想理论衰微的主要原因是秦始皇时期的焚书坑儒和汉武帝时的独尊儒学政策。在学术的专制高压下，先秦时期欣欣向荣的百家争鸣风光不再，兵家的思想也趋于萎缩。任宏以步兵校尉的身份整理兵书，班固也未把兵学列入诸子学，客观上加速了兵学思想性的衰微，强化了它的专业性和技术性色彩。宋代虽然抬高了兵学的地位，把它也列为“经”的一种，颁行了《武经七书》和《武经总要》，但其主导观念已完全是封建正统思想。

此外，造成兵家思想衰微的另一个原因来自于军事技术和军事制度等方面。自西汉以后至清代中后期，虽说很早就发明了火器，但并没有改变以铁制冷兵器为主的状况，因而军队组织编制、训练作战方式等都没有什么质的变化。建立在这种基础上并服务于这种基础的军事法制及其指导思想因此也就没有什么大的发展。

3. 兵家的法治观

兵家以言兵为中心，只将法作为一个工具来使用，因而对法的研究只是从各种具体形式的作用来进行，没有更深入地追究法理。孙武在两个意义上使用了法的概念，一是从作战指导的规律意义上，此为兵法、战法和用众之法等，一是从人定的各种制度规范意义上，此即“五事七计”所讲的法和法令等。这说明在孙武时代的兵家还未形成严格意义上的法治概念，其后的兵家代表人物也是如此。兵家虽然没有从法理学的角度对法治进行明确的阐释，但他们从法的实际形态上进行的观察和分析在法理学的发展上还是非常有意义的。

兵家注意到了法有公开性、规范性和强制性，而这主要来自于对军中法的观察。兵家认识到法可以在军内和军事活动中建立一种秩序，此即军中的制或治。只有在这种秩序下，将才能把散沙一样的民众组织成“挥左而左，挥右而右”的军队，才能顺利地贯彻将帅的指挥意图。孙武把这叫作用众之法，吴起则称为治。这种看法突出反映在兵家对赏罚的认识上，他们认为法的强制性靠罚来实现，而罚则的制定与使用必要注意到“兵之情”与“势便地利”。

由于认识到法有这样的特性和作用，兵家主张在治军中实行法治，并对如何运行法治进行了思考。

4. 兵家的法治论

兵家的法治论可分三点简述其要：

（1）以法治（制）军

兵家强调军中要有严格的法制。孙武强调法令是战争胜负重要因素之一，为此军中要建立严格的约束纪律，而且任何人不论其地位如何都要执行。孙膑的军中要“以信为本”，《吴子》的“以治为胜”和《尉缭子》的“制论”，则是孙武以法治军思想的深化和系统化。

兵家以为军中法治最基本的作用是使众多士兵形成一个整体，从而形成战斗力。为了治众、斗众，就要用编制将其组织起来，并具有统一的纪律和统一的指挥，从而统一行动。

（2）德教为先，爱威并下

兵家的法治观不同于法家的“严而少恩”和“以刑去刑”的冷冰态度，而是与德教相结合，具有重人心、重兵情的较温和的特点。

兵家不主张高压，而是强调“令文齐武”、“爱与威”并下，多次讲到“爱兵如子”等。其认识基础在于部队的战斗力来自于人心凝聚力，即“上下同心”、“众相得”、“卒亲附”等。有了这种凝聚力，才可使战士们自觉地作战。

兵家认识到除了教育士兵为正义战争而献身外，更重要的是将领对兵要爱护。这种爱在许多时候高于厚赏的作用，可使许多壮士为报君将之恩而赴汤蹈火。

（3）树立将威

兵家讲法治总是与将威结合在一起的。从根本上说，军中的法治从属于将威，这是兵家的共同观点。兵家以《孙子兵法》为经典，《孙子兵法》以统率为中心，统率的核心在于维护将威，主张军令在军中要有最高的权威。他从将领的职责和军事活动的特性方面做了论述。在战争状态下，军事活动的胜负是决定国家命运的最重要因素，是“死生存亡”的大事。将领受命统军，不仅全军战士的死生存亡，而且整个国家的死生存亡均系于一身，因而必须让他握有决断的全权，让他的军令成为军中和战时的最高“法”。

5. 兵家的法治术

兵家很重视军中法治的实行办法，论述之先在于孙武，集大成者在于尉缭。

兵家的军中立法原则主要包括：简约、稳定、统一、合众心。具体观点如下：第一，军法要广泛宣传，让士兵都清楚明了，主张将军中纪律对士兵“三令五申”。第二，执法要严明有信，将领要以身作则。第三，执法要平等、公正。第四，令文齐武，教育与强制相结合。第五，适当的赏罚。

从以上简单归纳的内容中，可以看出兵家论法的特点，即把法作为一个工具，其着眼于熟练地运用、操纵这个工具，因而其法治方案有很强的实用价值。但同时，由于他们不是以法作为思考的中心对象，没有对法的现象做深刻的法理分析，因而其法治思想就显得不那么深入和成体系。

6. 兵家与儒家的法治思想关系

儒、兵两家法治思想的共性首先表现于刑兵正义观上。儒家主张“复三代之礼”，赞美汤武革命的正义性，反对以暴力服人。兵家也主张战争的正义性质。虽然双方对正义的理解不同，但双方都重视正义的价值，因此在许多问题上有共同认识。正由于这一点，兵家的观念可以为儒家所接受，儒家的观念也可以为兵家所接受。战国末西汉初成书的《司马法》、《吴子》及《六韬》、《三略》等兵书中的儒家倾向证明了这一点，宋代的《武经七书》则把这一结合推向高峰。此种影响极为深远。后世人常把深明大义、不穷兵黩武而又饱读诗书、文雅风流的“儒将”当作为将的最高境界。

其次，兵家在法的推行过程中重视德教与亲民的作用，这一点与儒家的德治论有许多相似之处。儒家主张以德服人、宽猛相济，反对不教而杀。但双方的立论依据不同。儒家从治民需要出发，吸取了以往统治经验，重视民心向背，避免引起人民的反抗；儒家思想的核心是“仁”，从人性本善出发而倡德爱。而兵家从治军需要出发，认识到部队的战斗力在于人心凝聚和士兵的积极性与主动性，因此格外重视人心的亲附和上下同心；兵家讲德与爱有很强的功利性。

再次，兵家与儒家在人治问题上也有一致观点。兵家的法治与将威相结合；法与将比较起来，将是第一位的。将对全军甚至国家的生死存亡都有关键影响。从这个意义上说，兵家与儒家的人治观是一致的。兵家也非常重视将领的素质与修养，对将的要求丝毫不亚于儒家对贤人的要求。儒家从法先王、复礼制的政治理想出发，认为政治的好坏主要取决于统治者，尤其是最高统治者个人的好坏。

儒、兵两家的法治思想也有许多不同点，最大的不同在于兵家根据主张的法治观念，设计了一套自己的法治方案，并在治军的实践中身体力行。正是这一不同，将兵家推向战场，而儒家则退隐书舍。

7. 兵家与法家的法治思想关系

法家与兵家的关系十分密切，这使得两家在许多问题上尤其是法治问题上的看法非常接近。

首先，两家有共同的法治观。法家主张以法治国，其中心是法。法家先驱管仲及其后的李悝、商鞅、韩非等提出了完整的法治论。他们主张“以法为本”，法令要“布之于百姓”，贯彻法令的手段是“信赏必罚”和“厚赏重罚”等。这些观点与兵家的法治论如出一辙。

其次，在树立君将权威上，两家也基本一致。法家法治的轴心是君主，立法、执法、司法权力均掌握于君主手中。兵家则强调将的中心地位，将法治看作是将的工具。

再次，两家都重势。法家在引申的意义上阐述了这一观点，将君主的势比喻为飞龙和云雾，飞龙有云雾才能高飞，一旦云消雾散，飞龙也就成了地上的蚯蚓。兵家的势讲的是一种由高速运动产生的冲击力，使静止的物体形成一种不可阻挡的力量，如孙武的“激水之疾至于漂石者，势也”等。

法、兵两家的法治思想如此接近与其哲学观念、政策主张等有很大的关系。两家均为现实主义者，思考的中心是如何以力控制他人。在有统治关系的情况下，如何控制对方是法家思考的问题；在平等较量关系中，如何控制对方是兵家思考的问题。正是由于这样的原因，兵家与法家的思想接近，互相影响最深。两家持国治兵的目的都是推行耕战政策，提高综合国力，对外战胜而强立。

法、兵两家又有不同之处，集中反映在对德爱的认识上。法家一般反对德教与施爱，而兵家却将爱兵放到极为重要的地位。这是因为治军与治民有着不同的特点。民众生活的基础为经济活动。士兵的目的是打胜仗，需要有高昂的士气，有战斗的积极性和自觉性。而民心民气在经济生活中的作用，远不如军心士气在战斗中的表现那样突出、紧迫和明显，因而法家对德爱等手段的重要性上就不如兵家认识的那么清楚。

第九章

兵家文化与传统文化

兵者，凶器也；战者，逆德也；争者，事之末也。

——《史记·卷四十一》

1. 兵家文化与儒家文化

在兵家思想中，仁义思想是其重要组成部分，是支撑其战争观、战略战术思想、治军思想的基础。而这一思想恰好是儒家文化的核心思想，因此有人说兵家是“内儒外兵”。

早在先秦时期，兵家的著作中就吸收了儒家的仁义思想。如《司马法》中主要反映了西周时期的具有强烈人本倾向的战争理论和战争特点。如果说《司马法》反映的主要是西周时期的战争观念，是西周礼乐文明在军事领域的反映，还不足以体现先秦兵家的儒家特色的话，那么反映春秋战国时期战争特点和规律的《孙子兵法》、《孙膑兵法》、《吴子兵法》、《尉缭子》和《六韬》则无可辩驳地说明先秦兵家带有的儒家色彩。

这些兵书中虽然认为兵为诡道，但并没有抛弃儒家的仁义道德，而是合理地加以利用。其中的儒家色彩主要体现为用儒家精神来构筑战争观、战略战术以及治军思想，因此儒家精神在里面表现得更加抽象。如在战争观上，《孙子兵法》主张慎战、义战，认为“兵者，国之大事，死生之地，存亡之道，不可不察”。《孙膑兵法》认为“兵者不可不察”，反对乐战好兵，认为“乐兵者亡，而利胜者辱”，崇尚“责（积）仁义”的王者统治。《六韬》认为“兵者，国之大事，存亡之道”。《尉缭子》认为兵是凶器，不得已而用之，主张慎战、义战。兵家之所以主张慎战，是因为战争最具有残酷性，是对人的生命的无情剥夺，是对人的生命价值的无情践踏。不仅如此，在战争中，人类用智慧创造出来的物质文明和精神文明也将遭到破坏甚至是毁灭。因此，兵家主张若非万不得已，不得进行战争；即使出战，也要在战略战术上，争取全胜和不战而胜。

此外，其实在兵家著作中，无不贯穿或带有儒家的精神，像“不战而屈人之兵”、“全胜不斗，大兵无创”、“兵不血刃”的兵家思想也体现了儒家思想中主张以仁义治天下，反对苛政，反对杀伐的观念。还有像《孙子兵法》认为将帅必须具备“智、信、仁、勇、严”五种品德，《吴子》强调将帅必须具备“威、德、仁、勇”四种品质等，可见兵家认为“仁”是为将的基本要求之一。同时，兵家还强调将帅对士卒应有仁爱之心，只有仁者之将，才能爱护士卒，与士卒共甘苦，在作战当中才不会滥杀无辜，才能得到民众的拥护等等。不仅如此，就是使用间谍这种阴谋手段，兵家也强调只有仁者才能成功，“非仁义不能使间”。

当然，兵家吸收和借鉴儒家思想，目的是为兵家所用，与兵家的政略思想、战略思想、谋略思想融合为一。同样讲“仁义”，在儒家那里是没有阶级之分、贵贱之别的，“仁义”是所有人共同遵循的道德和行为准则。而在兵家那里“仁义”却有敌我之别、阶级之分。对违反军令军法者不能一味讲仁义，而要军法处置；对敌人不能讲仁义，而要讲“诡道”。因此，兵家之“仁义”更多地是作为一种用兵之术；儒家之“仁义”更多地是作为一种普遍政治准则与规范。因此，兵家多吸收“仁义”之精神，儒家多阐明“仁义”之功用。

2. 兵家文化与道家文化

在兵家著作中，随处可见道家的言论，闪烁着道家思想的光芒。道家主张自然无为，守静贵柔，以弱胜强，欲取先予，善于从事物的反面看问题，具有很强的辩证意义。

在战争观上，《老子》认为兵器是不吉祥的器物，不是君子所使用的，只有在不得已的情况下才使用；用兵的心态应该是恬淡自然的，胜利了也应不骄傲。因此要懂得天地大道的人辅佐君主，不应以发展军力逞强于天下，大战之后必定会有灾荒。这是道家基本的战争态度。在这一点上，兵家的态度是与之统一的，认为战争是国家大事，关系生死存亡，不可不明察。

在政治谋略方面，兵家也具有较强的道家色彩。例如，兵家的军事思想与政治思想往往是糅合在一起的，主张效法自然，认为圣人会把自然规律用于社会，作为治理国家的法则。这种效法自然、无为而治的思想，符合道家的政治思想。

在作战指导方面，兵家也体现了辨证及柔弱胜刚强的思想。例如，兵家认为作战就要使用诡道，懂得运用示形之术，隐藏自己的真实情况，先迷惑敌人，然后趁乱攻取它……这实际上是化用了道家的主张。老子主张，将要收拢，必先张开；将要削弱它，必先使之强大；将要摧毁，必先使之兴起；将要夺取，必先给予。实际上就是示形惑敌，制造种种假象，使敌人做出错误判断，从而克敌制胜。又如，老子喜欢用水来阐明柔弱的力量，认为“天下莫柔弱于水，而攻坚强者莫之能胜，以其无以易之，弱之胜强，柔之胜刚”，主张“致虚极，守静笃”。兵家也是如此。《孙子》说：“兵形象水，水之形，避高而趋下；兵之形，避实而击虚。”兵家之所以以水喻兵，是因为水虽然无形，但变化无穷，所以无所不成其形。

此外，在人生态度和行为原则上，《六韬》主张“柔而静，恭而敬，强而弱，忍而刚”，这与《老子》贵静、贵柔、贵弱、贵虚的思想是一致。在哲学思想上，兵家吸收与化用了道家“道”的思想。《六韬》说：“兵之道，莫过乎一。一者，能独来独往。黄帝曰：‘一者阶于道，几于神。’”这里所讲的“道”，虽不完全是道家所讲的“道”，但若能达到这些理想，那就几乎能达到神妙的境界，接近于“道”了。

兵家吸收道家思想不是机械地照搬，而是化用。兵家抛弃了道家关于人生、社会的消极思想，而吸收了其合理的哲学思辨。在兵家著作中，凡具有道家色彩的文句，皆充满哲学的睿智和积极进取的精神，这是兵家之道所体现的特色。

3. 兵家文化与法家文化

兵家与法家具有某种天然的联系。兵家必须具有法家的精神，但法家不是为兵家而生。兵家之法也不是纯粹意义上的法家。法家往往表现得急功近利，能见一时之效，却难以有持久的功用。兵家之法克服了法家这方面的弱点，用儒家、道家、墨家之精神柔化法家的严苛，使兵家之法既具有法家的威严，又具有儒、墨的仁爱和道的融通。因此，法家在兵家那里得到了改造与发展，兵家吸收法家的思想构筑了自己独特的思想体系，具有非常明显的法家色彩。

所有的兵家无不强调依法治军。《孙子》所说的战争之“五事”，其中之一事就是“法”；尉缭主张建立法制，明确号令，反对卜筮的迷信活动；《孙膑兵法》也认为“夫赏者，所以喜众，令士忘死也。罚者，所以正乱，令民畏上也”……以上所引都是重视赏罚的言论，主张赏罚分明，注视法令功效。

兵家虽然主张在军法面前人人平等，认为如果有罪，即使位居高官也要受到惩罚，但是兵家又能够通权达变，有所融通，认为在必要时，可以超越法规、制度进行赏罚。兵家虽然强调依法治军，但是反对繁苛之法，认为“刑繁则民忧，民忧则流亡”，主张法令要简明实用，不要繁芜杂碎，不然老百姓动辄得咎，就会流亡到别国，以躲避严刑峻法。兵家主张效仿古人把情与法、刑与爱相糅合，不是片面强调“法治”，而是更加注重“廉耻”、“亲爱”的作用。兵家讲法治，但不是唯法主义，不认为“法”是万能的。

有传统观点认为吴起是法家，但实际上吴起与商鞅、韩非不同，他认为仅仅靠“法”是不能治理国家和号令军队的。这从魏武侯与吴起的一段对话中能够说明：“武侯问曰：‘严刑明赏，足以胜乎？’起对曰：‘严明之事，臣不能悉。虽然，非所恃也。夫发号施令而人乐闻，兴师动众而人乐战，交兵接刃而人乐死。此三者，人主之所恃也。’”吴起尚且如此，兵家中的其他诸子更不用说了。

4. 兵家文化与墨家文化

兵家与墨家似乎是毫不相关的两个学派，一个主战，一个反战。但是兵家仍然吸收了墨家的有关思想。

墨家是战国时期与儒家相抗衡的一个学术流派，同是显学。其核心思想是“兼爱”、“非攻”。孟子批墨之后，墨家势力稍有衰落，而到秦汉，终成绝学。

墨家出于儒家。墨家在继承和发展了儒家“仁”的思想后，由儒家的有阶级等差的“仁爱思想”发展为无阶级等差的“兼爱主义”，这虽是不符合当时社会实际的美好愿望，但是也给生活在社会底层的劳动者带来了期盼和希望。

墨家反对战争，但不是反对一切战争，而是反对“攻”，并不是“诛”，也就是说反对攻伐他国以取利的非正义战争，但支持禁暴除乱的正义战争。也许由于墨子所处的时代现实，因此他的战争论主要是防守论，多讲在战争中怎样防御。这与他的“兼爱”思想是一致的，也是与兵家的战争观一致的。

墨家主张尚贤，推举和选用贤才，认为一个国家里人才众多，国家就好治理；人才少，国家就难治理。墨家的上述思想与兵家都颇为相近。在人才论方面，《孙子》强调“明君贤将”；《吴子》强调“使贤者居上，不肖者处下”；《尉缭子》强调“举贤任能”；《司马法》强调“举贤”，反对“贼贤”等等。兵家主张既要尊重贤才，又要任用贤才，不能只有举贤之名而无用贤之实。而且在判别“贤”与“不肖”方面，认为不能以世俗所誉者为贤，而毁者为不肖，而必须“实当其名，名当其实”，这与《墨子》的“以名举实，以辞抒意”思想是一致的。

墨家主张爱民。墨子在目睹了战国时期“大夫之相乱家，诸侯之相攻国”的社会现状后，提出“兼相爱”的观点，主张节用，反对奢侈享乐，主张一切为劳动大众着想，体现出较强的民本意识。兵家也非常重视民心向背，认为民心向背是战争胜负的关键，战争必须争取民众支持，上下一心，同仇敌忾，这样才能一往无前，攻无不克；还认为战争不得疲民、劳民、害民，即使对待敌国民众，也不能伤害。

墨家主张重农强本，这也是兵家所主张的。因为战争的消耗主要靠农业支撑，因此《吴子》主张“民安其田宅”，《尉缭子》主张“务耕者民不饥”，要求统治者无私心的思想要建立在农业基础上。《司马法》之所以主张“冬夏不兴师”，就是因为冬天收藏，夏天生长，是最重要的农耕季节。

5. 兵家文化与阴阳家文化

阴阳观念最初是从观测自然现象的变化中所得的。五行思想大致起源于西周时期。从《尚书》的记录来看，“五行”观念起源于刀耕火种的远古农业生产，水、土是作物生长的必备条件，火用来烧荒，木、金用来制作工具。水、火、木、金、土“五行”又与咸、苦、酸、辛、甘“五味”相联系，这说明“五行”与采食野物的原始生活有关。

阴阳五行观念由自然现象、原始的农业生产活动发展成为政治的、哲学的概念，由经验性认识上升为抽象性理念，是从《礼记·月令》中的记载为标志的。接着战国稷下学者邹衍在前代阴阳五行观的基础上，创立了阴阳学说。其学说的核心就是“五德终始”说。邹衍的著作已经失传，但据《文选李善注》可知，邹衍所说“五德”就是土、木、金、火、水五种德性，这五种德性具有相胜的特点。历史朝代按照木胜土、金胜木、火胜金、水胜火、土胜水的规律循环往复地更替，这就为春秋战国时期各诸侯国政权的更替创造了理论根据，因为这个理论来源于在自然现象变化，因此给人以符合自然变化规律的假象，具有很大的欺骗性。

阴阳五行思想不仅应用于政治，也应用于军事。阴阳派兵家主要表现在两个方面：一是著作以阴阳五行思想为理论基础，把阴阳学说应用于军事领域；二是兵权谋、兵形势著作中涉及到阴阳五行的内容，受到阴阳五行思想的影响。《汉书·艺文志》著录的兵阴阳家16部著作249篇无一流传。这也说明，兵阴阳家虽然具有自成体系的思想理论，但终究缺乏适应历史发展的科学内核，缺乏适应军事变革的生命力而消亡。

关于兵家与阴阳五行思想的关系，一种观点认为表明兵法的特性如天的特性，“兵法天运”，即兵法是根据天象生成，是符合天的运行规律的。《易经》是最早用阴阳八卦解释社会、人事现象的著作，其中的《师》卦是专门讲军事的一卦。先秦兵家著作大多涉及阴阳五行的内容。《孙子兵法》说：“天者，阴阳、寒暑、时至也。”《孙膑兵法》说：“凡地之道，阳为表，阴为里……五壤为胜：青胜黄，黄胜黑，黑胜赤，赤胜白，白胜青。”《尉缭子》说：“卒有五章：前一行苍章，次二行赤章，次三行黄章，次四行白章，次五行黑章。”等等。

古人认为阴阳五行反映了自然的发展变化规律，所以春秋以前的军乐与阴阳五行思想是有较大联系的。随着时代的发展，阴阳五行思想的含义才从军乐中逐渐剥离，而军乐也仅仅剩下壮军威、扬士气的功用。

总之，虽然兵权谋、兵形势著作中含有一定的阴阳家色彩，但是它们与兵阴阳家有着本质的区别。兵权谋家与兵形势家主要借用阴阳五行变化无常、相生相克的本质属性，用来形容兵无常形、无常势。兵阴阳家则重运用阴阳家学说来解释兵之现象，形成兵阴阳学，是阴阳学说在军事上的运用，是阴阳学说在应用范围上的扩大。兵权谋家与兵形势家借用阴阳学说变化无常的哲学内涵，而兵阴阳家则移植阴阳学说的全部知识。

第十章

兵家文化与人文精神

昔之图国家者，必先教百姓而亲万民。

——《吴子兵法·图国》

1. 兵家思想中的人文精神

中国兵家学派理论中蕴含着丰富的人文精神。

（1）崇尚和平，重视战争

自从战争产生，人们围绕战争、战争指导问题，就有过各种各样的解释。而在中国传统社会，自古便产生了一种基本理念：崇尚和平，重视战争。这种理念得到整个兵家发展中的认同。当中国先人在创造文字时，就以“止戈为武”的理念来表达对和平的向往；在战争观方面，则强调“国虽大，好战必亡；

天下虽安，忘战必危”；就统治阶级来说，一直恪守既不能穷兵黩武，又不能忘却战备，要慎重地对待战争。

战争是一种暴力手段，必然会给人类社会带来伤害，因而在中国兵家发展史上，总是认为不得已而用之，表明人们对战争往往持排斥的态度。

历史上，不同阶级、民族和政权之间，总会诉诸暴力手段，来解决彼此间不可调和的矛盾。然而，在战争与和平之间，历代统治者更加注重和平，而不是鼓吹战争。崇文抑武成为一种浓郁的社会风尚，重文轻武成为一种倾斜的政治制度，修文偃武成为一种理想的治国模式。特别是在唐宋以后，受儒家、道家思想的影响，反对战争的政治倾向表现得越来越突出。

即使面对战争状态，中国兵家也不赞同杀戮，而以“全胜”为最高原则，“是故百战百胜，非善之善者也；不战而屈人之兵，善之善者也”，认为“善用兵者，屈人之兵而非战也，拔人之城而非攻也，毁人之国而非久也，必以全争于天下，故兵不顿而利可全”。这说明兵家眼中战争的目标，是以最小的代价，换取最大的利益，甚至不付出代价，就能够达到目的。

（2）高扬正义，讲究功利

中国兵家的基本主张，一方面高扬正义的大旗，另一方面讲究功利的取向，追求正义和功利的统一。实施战争的根本目的，主要在于禁暴除乱，稳定社会秩序，被视为正义事业。

在中国历史上，无论繁荣昌盛的治世，还是黑暗惨烈的乱世，战争时有发生。就战争性质而言，或者是实现天下统一，或者是制造分裂割据。中国兵家注重战争，却是为了消除战争。“杀人安人，杀之可也；攻其国，爱其民，攻之可也；以战止战，虽战可也。”这说明消除战争作为战争的本质，既有正义的一面，也有功利的一面。

当然，在兵家理论方面，正义与功利的统一，是不容易实现的。无论战争性质如何，都要运用一定的手段，达到预期的目的。尤其是战争的发动者，更具有目的意识，更需要用高度的理智来考虑自身的利益。正是秉持功利的态度，孙武对待战争指导问题，一面指出“合于利而动，不合于利而止”，一面强调“非利不动，非得不用，非危不战”。这说明功利作为驱动力，是战争的出发点和归宿，也是战争指导的基本准则。

（3）强调实力，注重谋略

战争是实力的比拼，要夺取战争的胜利，必须增强国家的实力，特别是增强军事力量。只有在敌我力量对比上形成绝对的优势，才能够稳操胜券。为了增强军事力量，提高军队的战斗力，中国兵家注重制度化。在战争准备方面，主张农战结合，富国强兵；在军队建设方面，提倡走精兵之路，注重提高军人的基本素质；在后勤供给方面，强调足食足兵，保障有力。

不过，战争也是谋略的较量。为了降低我方的损失，减轻对敌人的伤害，中国兵家在战争指导方面特别强调运用谋略，迫使敌方主动屈服，停止战争。“上兵伐谋，其次伐交，其次伐兵，其下攻城。”因为倡导谋略制胜，中国兵家经过深入细致的研究，提出一系列谋略原则。关于“奇正”，有所谓“以正合，以奇胜”；关于“虚实”，有所谓“避实而击虚”，“避其锐气，击其惰归”；关于“攻守”，有所谓“见可而进，知难而退”，“守则不足，攻则有余”；关于“分合”，有所谓“分不分，为縻军；聚不聚，为孤旅”。

（4）突出将帅，关怀士卒

战争是所有军人的事情，也是整个国家的事情，就战争指导来说，主要是将帅的事情。战争的胜败、人民的安危和国家的存亡，都与将帅密切相关。有鉴于此，兵家非常重视将帅的作用，认为将帅能正确指导战争，国家就会强盛；将帅不能正确指导战争，国家就会衰弱。所以，将帅的素质和才智，一直备受兵家的关注，形成各种不同的论调。这些讨论将才的主要标准，主要在于“智”、“仁”、“勇”三项，即要求将帅文武兼备、刚柔相济，成为国家的栋梁。

作为一名将帅，既要善于处理君臣关系，又要善于处理军民关系，而在军队建设方面，更要善于处理官兵关系。将帅对待士卒，必须注重素质教育，力求全面发展。“令之以文，齐之以武。”无论是军事训练，还是对敌作战，都要做到令必行，行必果，赏罚分明。将帅要强调官兵团结，与士卒同心同德，要关心和爱护士兵。只有处理好官兵关系，才能增强军队的凝聚力，提高军队的战斗力。

2. 天、地、人的和谐统一

天人合一是中国传统文化的总特征，也是中国传统文化基本精神中最根本的一条。汉语的“人文”一词，出自《易传·贲卦·彖传》：“柔来而文刚，故亨。分刚上而文柔，故小利有攸往，天文也。文明以止，人文也。观乎天文，以察时变，观乎人文，以化成天下。”在周代人的观念里，人文与天文是相联系的。刚柔变化、阴阳交错就是天文。换句话说，天文表现为大自然运行变化的过程与规律。人的活动总是要以大自然为环境、为背景，要受到大自然的约束，不能违背大自然的运行规律，要与自然保持平衡与和谐。在以自然生态环境为背景创造出来的人类文明，总是与天文相联系的。兵家讲天、地、人三者的和谐统一，既得天时，又得地利，还要人和，讲求天人关系的统一与协调。但在儒家文化一统天下的时代，兵学被视为非君子之学，被看作非仁义之道。因此，兵家文化仅仅被看作是一种技艺性的学问，这是几千年来儒家文化作为统治文化所产生的偏见。

其实，兵家与儒家、道家一样，非常关注作为自然形态的天、地，与作为社会形态、自然形态相统一的人的关系问题，强调三者的协调与统一。孙武用兵强调“道”、“天”、“地”、“将”、“法”五事。其中的“道”、“将”、“法”都是人事，五事实际上就是“天”、“地”、“人”三事。孙膑继承并发展了孙武的天人思想，比孙武表述得更为明确和具体，说明要取得战争胜利，首先要天人和合；如果天人不合，即使能暂时取得胜利，最终也会遭受失败。《司马法》虽然没有如《孙膑兵法》、《尉缭子》那样直接表述天人关系问题，但仍然认为人事须法天地、顺自然。《六韬》更具道家天人思想的特征，强调人道、天道并重，主张遵循天地自然法则，求得人与天地的和谐。兵家描述的是一幅和谐的天人关系图，人尊重自然，遵循自然规律，使社会活动与自然运行和谐相处。这就是兵家文化所体现出来的人文精神。

中国古代的人文主义强调仁的价值、人的意义。人与天地固然要协调发展，要和谐共处，但天地自然的价值也要通过人来体现。天、地、人三者之中，人是最为宝贵、最为重要的。天、地、人共同存在于自然之中，人是自然中的一员。人虽然要遵循自然的运行变化规律，但又不能被动地适应自然，而是要发挥主观能动性，创造物质文化和精神文化，这才是人的伟大之处。兵家强调人的作用，兵家文化更多地是谋略文化，谋略是人的创造精神的最佳注解。从这个角度来说，兵学也是人学。兵家推崇谋略，兵学以谋略为自己的思想核心，这恰好反映了兵家对人的创造精神和创造力的肯定。因此兵家的天人观与儒家是相通的、一致的。这是中国人文主义的独特表现。

3. 对生命价值的尊重

兵家和其他学派一样，是肯定人的价值、尊重人的生命的人文主义者，只是其实现人文目的的途径不同，但殊途同归。兵家主张以战止战、以杀去杀，以最小的代价获得最大的胜利。兵学以战争手段制止战争，从而保护人的生命，维护人的尊严，尊重人的生存权利，实现人的价值。

（1）非危不战

兵家的战略思想是积极的防御战略。积极防御是防御中有反击、有进攻。这是中国兵家文化历史继承性的表现。无论是诸子百家中的的哪个学派，都没有穷兵黩武者，都认为兵为凶事，必须谨慎行之，不得已而为之。兵家虽然以“兵”为名称，但在对待战争的态度上，与其他各家有共同之处，就是慎战。《吴子》、《孙膑兵法》、《司马法》虽然没有直言“兵者凶事”，但认为好战必亡，多用兵则多祸，多胜则多危。

（2）非利不动

《孙子兵法》说：“军争为利。”“兵以诈立，以利动。”从广义来说，“利”不仅仅指金钱之利，物质之利，还包括非金钱、非物质的东西。战争必须遵循“合利”原则，非利不动，合利则行。这个“利”包括各方面的“利”，政治的、军事的、外交的、经济的一切利益关系都是“利”。作为战争的决策者与指挥者，“不可以怒而兴师”，“不可以愠而致战”，因为要最大限度地保护国家利益、爱护将士生命利益。国家灭亡了，不可以复存；将士战死疆场，不可以复生。在兵家的心目中，国家之存亡、士卒之生死，就是最大的厉害。因此要“因利而制权”，“合于利而动，不合于利而止”，达到“兵不顿而利可全”的战争目的和用兵境界。儒家言义不言利，重义而轻利，认为“君子喻于义，小人喻于利”；而兵家既重义，也言利，因此兵家比儒家更现实、更理性，把道德规范与功利原则完美地结合起来，使道德与功利这两种互相对立的观念与行为找到了和谐交融的结合点——兵家的兼容性功能。

（3）不战而屈人之兵

以孙武为代表的兵家是和平主义者，不是好战主义者。“不战而屈人之兵”不仅是战略思想，而且也是策划艺术。作为战略思想，就是通过非军事手段，扩大敌国的内部矛盾，孤立敌人，增加敌人的劣势，团结一切可以团结的人，使我方实力处于绝对优势，给敌方造成凌厉的攻势，迫使敌方为免遭无谓的打击，接受我方意图。作为策略艺术，就是巧妙运用计谋，抓住敌人要害，促使敌人望风而逃或不战而降。

“不战而屈人之兵”首先由孙武提出，此后由孙膑等人继承的。这个命题是以强大的军事实力为后盾，以心理威慑为基础，充分发挥主观能动性，审时度势，巧妙利用矛盾，使敌人处于困境而不得脱，使得我方以最小的代价换取最大的胜利。这个命题不仅在过去成立，而且在现在和将来都有永恒的生命力，特别是在高扬生命风帆、张扬人性旗帜、突出人的价值的时代，更具魅力和影响力，是一切有为政治家和军事家谋取“全胜”的重要战略、策略。它反映了先秦兵家反对不义之战、热爱与追求和平、以非流血方式制止战争的思想和愿望。

（4）杀人安人，以战止战

自古以来，没有不流血的战争，战争总是与杀戮相联系的。在兵家看来，战争的目的不是要扩大战争范围，也不是要从根本上消灭对方，而是“杀人安人”、“以战止战”。若是从一国范围来讲，战争的目的就是“安国全军”、“唯民是保而利于主”；若从某一局部范围来讲，就是“禁暴救乱”。这是兵家共同的价值追求，体现了兵家以人为本的理念。

4. 诡诈与仁义的有机统一

自古以来，兵家重诡道。春秋晋楚城濮之战，晋国国卿狐偃向晋文公建议说："繁礼君子，不厌忠信；战阵之间，不厌诈伪。"可见在这时，治国用忠信，用兵使诈伪，已经是一种普遍的观念。《老子》则明确提出"以正治国，以奇用兵"。所谓"奇"，就是示形惑敌、示假隐真的权谋诡诈之术。

虽然在战争中运用诡诈之术不是自《孙子兵法》始，但公开而明确地把诡诈作为用兵之道并著于兵法的，则是自《孙子兵法》始。但这也不全是孙武首创，更多的是孙武总结前代战争中的诡诈经验，使之上升到理论的高度，从而得出的精辟概括。

孙膑的谋诈观是："谋者，所以令敌无备也。诈者，所以困敌也。"实际上，所谓的诡诈，无非就是假装而已。善于假装，就善于运用诡诈。在《孙膑兵法》一书中，孙膑认为如果敌众且武，就"辟而骄之，引而劳之，攻其无备，出其不意"。如果敌我双方势均力敌，就"营而离之，我并卒而击之，毋令敌知之"。如果我强敌弱，我众敌寡，敌人不敢与我交战，就"毁卒乱行，以顺其志"。这些都是权谋诡诈之术。

《司马法》虽强调以仁义为本，但也不排斥诡诈之术的运用："古者，逐奔不远，纵绥不及。不远则难诱，不及则难陷。"追逐不远，则不会被引诱；追赶时不逼近敌人，则不会中埋伏。可见，"古者"也是用诈术的，只是西周时期为了维护周天子的一统天下，弃诈尚礼，用礼来维护其权威，而防止各诸侯国的诈谋。《吴子》直接讲诡道的篇章也不多，但在《料敌》中针对六国所提出的制胜之策也是诡道。《六韬》讲诡诈的地方也不少，比如，《文韬·兵道》讲道，如果两军相遇，敌不可以来，我不可以往，谁也不敢先发动攻击，就应该假装队伍混乱，假装没有粮草，假装战斗力弱，隐蔽自己的精锐力量，从而消除敌人的警惕心理，引诱敌人出来，然后消灭他们。诸如此类的应敌之策甚多，全为惑敌、误敌、致敌的诡诈之术，在此不必枚举。

兵家对敌用诈，对民和士卒则用仁，体现了仁、诈统一的思想，体现了对善的褒扬，对恶的摒弃。《孙子兵法》主张“视卒如婴儿……视卒如爱子”，对降卒“善而养之”。在论将帅休养方面，《孙子兵法》还提出“智、信、仁、勇、严”五个方面的要求，“仁”在其中占有重要位置。《孙膑兵法》虽然没有直接谈“仁义”，但主张王者之将要上知天道，下知地理，内得民心，外知敌情，从而“全万乘之民命”，因为保全万民性命，是对百姓和士卒的最大仁义，是对生命价值最高的尊敬。《吴子》多处谈到“仁”和“义”，认为只有冲锋陷阵、奋勇杀敌，而不是怜悯敌人性命，才算得上“义”；只有消灭敌人，保全自己，而不是为战死的士卒掉几滴眼泪，才算得上“仁”。因此，兵家所说的“仁”不是妇人之仁，所说的“义”也不是小人之义。《六韬》强调以仁义教化万民，惠泽百姓，安抚天下。

兵家不仅强调以仁治兵，以仁安民，而且强调不杀无辜、善待降卒，区别对待有罪者与无罪者，以德安人，以义感人，以仁服人，使军队具有仁义之师、威武之师的风范，充分体现了兵家的人文精神。《司马法》主张进入敌国境内，要尊敬老人，爱护小孩，不要伤害他们，即使有壮年人抵抗，也不要与之为敌，如果伤害了他，则赠送药物，让其回家。《六韬》和《尉缭子》在对待敌国人民和降卒方面的主张，与《司马法》基本相同，精神一致。这是至道至德、至仁至义的政策。

诡诈与仁义是兵家运用的相反相成的两种手段。对民行仁义，对敌用诡诈；治兵用仁义，用兵使诡诈；治国用仁义，治军施诡诈。两者相辅相成，辩证统一。当用诡诈时，不得行仁义；当行仁义时，不得用诡诈。宋代张预说："用兵虽本于仁义，然其取胜必在诡诈。"只尚仁义，不谈诡诈，是迂腐的不知变通的仁义论者；只尚诡诈，不谈仁义，是只知小道、不明大道的诡诈论者。兵家比较好地处理了仁义与诡诈的辩证关系，认为对敌人用诡诈恰恰是对自己行仁义，对敌人行仁义也就是对自己用诡诈。历代的兵家都强调战争的正义性，主张行仁义、除暴乱，目的是为了获得民众的拥护，获得道义上的支持和帮助，但这并不排除在战争过程中使用诡诈之术。

5. 重天道，更重人道

在先秦兵家中虽有阴阳五行的内容，甚至有专门的兵阴阳家，但先秦兵家的四个流派中，兵权谋家、兵形势家、兵技巧家是无神论者，主张远鬼神，任人事；兵阴阳家虽然"假鬼神而为助"，但其目的是多方误敌、惑敌、致敌，这也是一种诡诈之术。总的来说，兵家虽然不排除"鬼神"之道，但更重视人事、人道，表明了兵家以人为本的理念。《孙子兵法》强调不能根据鬼神，也不能根据事物表象，更不能根据臆测对胜负做出判断，而只能根据真实的情报进行军事决策。《六韬》似乎与《孙子兵法》、《尉缭子》相反，重视鬼神的作用，带有兵阴阳家的倾向。但我们不能简单地说《六韬》的作者是鬼神论者或非鬼神论者，但其“依托鬼神”的目的很明确，就是利用鬼神以惑众心，误敌制胜。《六韬》所讲的“鬼神”实际上偏重于一种假想的存在。即使认为鬼神是真实的存在，与鬼神进行沟通的也还是人，更强调人的作用。《司马法》则较多地反映了西周时期的军事思想和军事制度，主张出兵征讨不义之前，必须沟通天地神灵与人的意志，求得天道与人道的合一，表明征讨战争的正义性，获得诸侯各国的理解和支持。同时，也对敌人造成一种心理压力，达到攻心夺人目的。

可见，兵家文化中的人文主义主要表现为尊重人的价值、尊重人的生存权利、倡导天与人的和谐、主张人与人的互爱。因为兵家无论承认还是否认鬼神的存在，都特别重视人的主观能动性，重视人的因素在战争中的决定意义，体现以人为本的理念，这是兵家人文精神的最基本、最本质的特征。离开以人为本的基本特征，则无以讨论先秦兵家的人文主义精神。

6. 天下非一人之天下

兵家强调民的作用，认为民心向背是战争胜负的重要因素。战争的目的并非为了某一个人的利益，而是为了天下百姓的安乐。

《孙子兵法》所谓“道”就是争取民众和士卒的支持，使他们与战争的决策者、指挥者的思想保持一致，这样就能使他们舍生忘死。战争需要民众的支持，战争的目的也是为了保国安民。《孙子兵法》虽然没有对战争的性质做过详细的表述，但是从论将的言论中可以间接获得书中对战争性质的看法。《孙子兵法》主张为保国安民而战，而不是为将帅个人功名而战。《孙膑兵法》在将帅论方面与《孙子兵法》有共同之处，强调作为将帅必须知“道”，认为只有知“道”之将，才能“安万乘国，广万乘王，全万乘之民命”。《吴子》认为凡举大事、夺取天下、治理国家，必须“先教百姓而亲万民”，主张用民必先和民。必须指出的是，《吴子》与《尉缭子》虽然强调民的作用，具有民本思想的倾向，但是这两部著作的法家思想色彩比较浓厚，更多的是从如何制民、用民方面来说明民对战争取胜、得天下的重要性，既非如《孙子兵法》、《孙膑》主张保国安民，亦非如《六韬》一样主张民乃天下主人，因此其民本思想不是特别突出，但这并不影响兵家文化整体上的民本思想特质。《司马法》比起其他兵书更多地强调爱民恤民，反复倡导“爱吾民”、“爱夫其民”、“兼爱其民”、“睹民之劳”、“答民之劳”等等，但其目的与《吴子》、《尉缭子》相同，都是为了“民可用”。《司马法》认为要用仁爱救助民众，用道义鼓舞民众，使他们用智慧决断，使他们有勇力战斗，使他们守信用等。

《六韬》的民本思想最为突出，提出“天下非一人之天下，乃天下之天下也”的口号，认为只有与天下同利共乐，同忧共患，才能得到天下人的拥护。这比其他兵法主张的从君主如何制民、用民的角度强调君主将帅要保民、安民、爱民有很大进步。《六韬》指出，天下的君主不是命定的，而是有德者居之，能得民心者居之。《六韬》更多地从人民制约君权的角度，强调人民对君主取得天下具有制约性，认为对给天下带来福利的人，人民就欢迎他；对给天下带来灾难的人，人民就关闭天下大门拒绝他，以此说明人民才是天下之主。在君民关系上，《六韬》认为君要爱民，即利民、成民、生民、乐民、予民、喜民，而非害民、败民、杀民、苦民、夺民、怒民。与此相应，民则要尽力从事农桑，服从吏教，要孝顺慈爱，不违法犯禁，不任气游侠。这是一种非常融洽的、充满慈爱的、人道的、理想的军民关系。《六韬》不是站在君主的立场，而是站在人民的立场；不是为君主说话，而是为人民说话；没有把人民看作只是夺取天下、稳固统治的工具，而是把人民看作天下之主——开启与关闭天下大门、制约君主行为的主人。因此它不仅具有非常明显的民本思想特质，而且是我国民主思想的萌芽，在兵家中最具代表性。

可以说，人文主义精神是贯穿于兵家的主导精神，是兵家文化的出发点和归宿。兵家通过揭示战争的本质与规律，在斗智斗勇、血火交融中构建自己的理想王国——没有战争、没有侵略，充满和平与关爱，君明臣贤、百姓安康的一种社会形态，饱含着丰富的人文精神，充满着人文关怀的社会形态。

第十一章

兵家文化与当代应用

辞卑而益备者，进也；辞强而进驱者，退也。

——《孙子兵法·行军篇》

1. 兵家文化是中国军事科学的源头

先秦兵家成员既是理论家，又是军事家。所谓军事科学，就是研究战争本质与规律并用来指导战争的一门科学。从内容来看，先秦兵家虽然没有如现代军事学那样分出众多的明晰细致的学科，但是涉及到的内容与现代军事学所包含的内容基本一致。因此，作为独立的学科——军事科学在先秦时期就已经形成。

纵观人类战争历史，战争的每一种形态和方式都是随着军事技术的进步而产生和发展的。最初的战争是以木石工具为武器的。冶炼技术发明后，出现了青铜兵器与铁兵器，标志着冷兵器战争时代的到来。火药的发明和枪炮的制造，标志着进入热兵器战争时代。近代工业革命后，科学技术进一步发展，又进而演化为机械化战争。到了现当代，由于核技术和火箭技术的发展，出现了远程核武器，使人类面临核战争的威胁。近些年来，以信息技术为标志的新技术推动了军事技术的迅猛发展，预示着高技术军事革命的到来。

今天的战争形态虽然和兵家产生之时的情况截然不同，但是在战争智慧上的较量依然存在。比如，在纵深精确打击过程中如何正确选择有限目标；各种技术系统协同与联合作战过程中如何充分调动和发挥人民群众的力量；建立网状智慧结构过程中如何做到网络各路径的畅通等等。诸如此类的问题都要求决策者、指挥者具有高超的政治智慧和军事谋略，在拥有高端军事技术手段的基础上通过巧妙的兵家战略战胜敌人。只有高超智慧的人与先进的武器完美结合，才能在现代战争中掌握主动权。兵家作为农业经济时代产生的学术流派、兵学理论，经历了2000多年的战争实践检验，其丰富的谋略思想仍然有值得我们继承和借鉴的部分。

2. 兵家思想与企业经营管理

兵家思想对企业经营管理具有普遍的适用性。以《孙子兵法》为例，《孙子兵法》13 篇，篇篇都蕴含着企业经营管理之道。

（1）以“利益”为最高准则

商场和战场，虽然场合不同，但都围绕着“利”字而动。古往今来，一切战争的终极目的都是为了“利”。战争就是利益最剧烈的争夺形式。对此，《孙子兵法》有着极精辟的论述。孙武认为，利益是一切军事行动的最高准则，“兵以利动”，“非利不动，非得不用”。这一观念也应该作为企业的行动准则。办企业就是为了赢利，企业的一切行为应该如孙武所说“因利而制权”，即根据是否能赢利而采取相应的举措。

孙武所说的“利”，是从利与害的比较、代价与成果的比较来衡量的。孙武清楚地看到，战争既可给国家带来巨大利益，也会使国家付出巨大的代价，蒙受很大的损失。这种以效益为准的思想，对企业经营具有根本的指导意义。企业的一切经营活动都要围绕着利益展开，但企业要分清有利可图和唯利是图之间的区别，追逐利益没有错，但唯利是图，损人利己就不可取了。另外，还要综合考虑局部利益和整体利益、眼前利益和长远利益，实现二者之间的平衡。

（2）注重企业发展战略和策略

“以巧成事”是我国兵家思想的传统之一。在众多的计谋中，孙武突出地强调在战前进行周密的运筹，作出正确的战略决策和作战计划，做到未战先算，先在决策上胜敌一筹，这样才能在战中取胜。

同样，善经营者，为了取得全面的胜利也必先做出周全的决策。企业的成败首先决定于企业发展战略与经营战略决策的正误。战略方向错误，决策失误，就会招致失败。

（3）以“知”为导，以信息促发展

孙武说的“知彼知己，胜乃不殆；知天知地，胜乃无穷”是一句流传千古的名言。他还具体提出要政治、天时、地利、将才、法制五个方面去全面分析比较敌我双方的情势，对战争进程做出正确的预测，据此制定相应的战略方针和策略措施。这就是以“先知”为胜利的先导；以“全知”求“全策”，以“全策”求“全胜”，就是要全面掌握信息，以高质量的信息求得高质量的决策。

对企业来讲，要在市场竞争中求生存、求发展，必须以信息为先导，信息是决策成败的关键。其中最重要的是掌握市场信息和科技信息。掌握了前者，才能跟上市场的瞬息万变，适应市场化的经济环境；掌握了后者，才能跟上现代化的步伐，找到新的生产力，发现企业新的效益增长点。

（4）识时务，顾大局，以“势”为据

“势”就是敌我双方力量对比分析态势。战争是敌我双方力量的生死较量，要取得作战的胜利，说到底是靠增强自己的实力。这就是说，在战前就要造成有利于己而不利于敌的态势。因此，一切有心取得作战胜利的人，应把取胜的愿望化为作战前增强自身实力、积极“造势”的实际行动。

对于企业经营，“势”就是位势，依靠有利的位势去造就最佳的势态，夺取商战的胜利。企业“造势”，一是组织布局的造势，使企业形成多元化、集团化，有抗风险的能力；二是内部资源配置的造势，包括人财物配置、组织结构、管理制度、企业文化等等，形成企业的位势；三是广告和企业形象造势，形成浩大的先声夺人之势；四是积极开发新技术、新工艺、新产品，千方百计提高企业的科技水平，提高产品的科技含量。产品、销售、竞争都处于最佳势态，这样才能在激烈的市场竞争中立于不败之地。

(5) 识人用人，以“人”为本

兵家注重将帅作用的发挥，主张“将能而君不御”，也就是一旦选准了良将，君主就要放手让他发挥聪明才智，在作战中机断行事，不要去束缚，更不要随意去干预。兵家还主张对士卒的教育和统一思想，使其能够自觉地为国家、民族而战。在这两方面的同时，要求军队要严明军纪、严明赏罚。

企业是人的集合体，企业和企业之间的差距就是人的差距。作为企业家应始终将识人、用人、关心人作为方略之根本。企业一是要大力用崇高的理想、共同的目标、优良的传统去凝聚人心、振奋人心，用企业领导与职工群众同甘共苦的实际行动去激励人心；二是要不拘一格地使用人才，下大力培养企业的管理人才和科技人才，让他们更好地发挥自己的主观能动性，为企业服务。

3. 兵家文化与国民素质

在提高国民素质的工程中，兵家文化也可以发挥重要作用，它的很多思想观点都有助于提高人的文化素质和道德素质。

第一，重谋尚勇，刚毅果敢。兵家文化包含了丰富的谋略、策略思想。虽然兵法不能与谋略、策略简单地划等号，但在一般人心目中，兵法就是谋略、策略的代名词。其实，历代兵家讲的都是战争艺术，勇敢、刚毅、果断与谋略一样重要，是作为将帅的重要品格和修养。无论兵家各流派如何论将，都重谋尚勇，要求刚毅果敢，这是兵家思想主张的最为重要的人格修养，也是历代以来兵家最具人格魅力的一个方面。

第二，崇尚和平，不事扩张。兵家向来都主张慎战，禁暴除乱，抵御侵略，保国安民。它与儒、道、墨等诸子百家一样，都是和平主义者，他们的著作贯穿着止战、不战的思想，以止战、不战为最高追求和最终归宿。这种文化精神传承了几千年，熏陶了国民，形成重要的民族心理和民族性格。

第三，注重整体，和谐统一。用兵打仗是复杂的系统工程，牵一发而动全身，要求将帅善于把握各种关系、各种力量、各种态势，做出正确判断，非莽汉匹夫所能为。兵家注重整体观念，追求统一的意志，这也是中国文化的共同特征。“和”是中国传统文化的一个重要概念，和谐统一是其重要特征，因此这一理念也是兵家文化中不可缺少的。

第四，价值取向，实用理性。兵家倡导的是实用理性的学说，在诸子学中最具实用价值和实践价值。在兵家著作中没有玄妙的概念，没有空乏的议论，一切都很朴素，一切都很自然。这是兵家性质所决定的。兵家讨论的战争大事，因而不能从主观臆断出发，也不能从虚幻空想出发，而必须从战争实践出发，揭示战争的规律。正因为此，兵家才不囿于一隅，是在诸子学说之中最不具学派偏见，具有宽阔的胸襟，能够兼容百家的一家。

4. 兵家文化与养生之道

清乾隆年间的名医徐大椿一生著述宏丰，有《经释》、《类方》、《慎疾刍言》等。他的论医之书《医学源流论》中明确指出：“《孙武子》十三篇，治病之法尽之矣。”徐大椿凭借自己深厚的医学功底，敏锐地审视兵学与医学、兵道与医道的相互关系，得出了极富启发意义的结论。其实，最早在《黄帝内经》中就谈到了医学与兵法的关系。《黄帝内经》还用冷兵器的“五兵”（弓矢、戟、矛、戈、殳）类比针法。唐朝杰出的医学家孙思邈进一步从医家的行为心理上做了深刻的理论阐述：“胆欲大而心欲小，智欲圆而行欲方。”即“胆大心小，智圆行方”。孙思邈在分析这一主张时指出，医生临病与军人临战一样，在不明“敌情”时要周密侦察，慎重判断，做到“知彼知己”，这种谨慎就是“心小”；一旦掌握“敌情”，胜券在握，就要果断决策，大胆用兵，这种果断就是“胆大”。以兵学喻医学，在中国古代并不只有上述几个例子，自先秦至明清，有类似理论的医家不在少数，可以说它是古代医家们的一种共识。

首先，从伦理道德方面看，中医的医学伦理观一贯推崇“良医”，认为医学是仁学，医术是仁术。中国兵家也向来要求将帅必须做到“进不求名，退不避罪，惟人是保，而利合于主”的“仁德”修养。

其次，从方法论上看，中国医学与兵学一样，形成了完备而严密的理论体系，都贯穿着朴素的唯物论和辨证法。具体地说，表现为“天人合一”的中心观念。中医把天地人视为一个大系统，“人”又分为五脏六腑、十二经脉各子系统，通过望、闻、问、切，对各个系统进行综合分析之后，对症下药，最后达到标本兼治，扶正祛邪，治病救人的目的。古代兵法也是使用这种系统分析的方法，强调战争全局的战略问题，将帅要对战争各方面进行总体把握，系统分析，求天、地、人的相互关联，及这些条件在战争运动过程中的有序变化，最后达到因敌制胜的目的。

再次，从指导思想上看，医学与兵学更是有着许多共同点。一是防病如防敌。对于疾病，医家主张“圣人不治已病治未病”，“良医者，常治无病之病，故无病”，只有那些能预防或减少疾病发生的医生，才能称得上是良医。对于敌人，兵家主张，“为之于未有，治之于未乱”，“天下虽安，忘战必危”，平时就要有备无患，“立于不败之地”，这样的将帅也才能被称为良将。二是择医如用将。打仗要委派良将指挥，治病要选求良医诊治，道理是相通的。三是用药如用兵。兵凶战危，是一种关乎国家军民生死存亡的暴力行为。古代医家也认为“药性刚烈，犹若御兵。兵之猛暴，岂容妄发”，因此用药要慎之又慎。

以上举例旨在说明把兵学原理移植到医学之中，特别是中医学之中，无论在理论上还是实践上都可以启发人们的智慧，开阔人们的视野。

5. 兵家文化在世界范围的应用

随着全球化进程的加快，兵家文化在全世界变得炙手可热。国外在利用兵家文化的思想精髓方面也取得了丰富的成果，积累了很多先进经验。

世界各国对兵家文化的研究基本上可分为四类：一是对《孙子兵法》的文献性研究，包括《孙子兵法》的作者及成书；《孙子兵法》的版本；《孙子兵法》的文字校勘、注释、翻译，有关文献的整理与编纂等。二是对《孙子兵法》中所蕴含的军事思想的研究，包括它的战争观、战略战术思想、治军思想、军事哲学思想、军事理论、军事心理、军事经济、军事地理思想等。三是对《孙子兵法》的军事应用研究，是介于《孙子兵法》自身理论研究和军事实践之间的一种更直接指导军事斗争的理论研究和对策研究。四是对《孙子兵法》的非军事应用研究，如《孙子兵法》与经营管理、市场竞争、医疗卫生、体育竞技、教学艺术、演讲技巧等。

在现代国际较量中，《孙子兵法》中的原理已被一些国家运用于军事战略乃至国家战略的决策层面。还有一些国外军事政策制定者看到了《孙子兵法》的高明之处，活学活用，经常把其中某些原理直接用于指导现代战争。如美军高度重视的“非对称作战”理论，就为他们军事发展带来的实际效果。

第十二章

认知中国兵家思想

量力而知攻。

——《管子·霸言》

1. 中国兵家思想的分期

中国兵家思想经历了几千年的时间历程，纵观其发展，大体可以分为三个时期：

（1）初步形成期

这个时期从夏朝（公元前21—16世纪）开始，经过商朝（公元前16—前11世纪），到西周（公元前11世纪—前771年）为止，历经1400余年。大致说来，中国兵家思想产生于原始社会解体、奴隶制社会产生的夏代。

夏代进入了阶级社会之后，各阶级为了维护本阶级的利益，改变彼此间的地位和差异，便经常发起战争，并极力争取战争的胜利。于是各阶级想方设法于战前谋策、战中筹划，这个过程便产生了“谋”。然而，“谋”只是战争过程中一种求胜的主观手段，并不完全合于客观实际。为了使“谋”更接近于客观现实，人们不断地从战争的实践中探索并反复求助于实践来验证，逐步总结出带有一定规律性的、能指导战争的方法上来，它包括对战争问题及性质的探讨、作战指导思想和作战原则，以及战略战术等等，这就是中国兵家思想产生的一般过程。

到了商朝，奴隶制进一步发展，兵家思想也随之发展。西周是奴隶制的鼎盛时期，在这个时期，中国兵家思想逐渐完善，当西周走向衰落之时，中国兵家思想已趋于初步形成。

（2）发展和成熟期

中国兵家思想的发展和成熟，即春秋战国时期（公元前771—前221年），大体经历了550年。进入春秋时期以后，随着大国争霸战争的加剧，兵家思想有了新的变化和发展，尤其是在轰轰烈烈封建兼并战争的战国时期，兵家思想发生了日新月异的变化，产生了一个质的飞跃。这是因为从社会形态来讲，当时已从奴隶制社会过渡到封建社会；从战争的社会性质来说，已从奴隶制社会的战争转变为封建社会的战争；从作战形态即兵种上来看，已由原来单纯的车兵发展为步兵和骑兵。

车兵是奴隶制社会的产物，步兵和骑兵是封建社会的作战主体。从春秋中后期至春秋战国之交，相继出现了步兵（指建制步兵）、骑兵，已经完善了中国古代冷兵器时代三大基本兵种。到战国时期，诸兵种以它本身所具备的作战形式和战术特点争奇斗艳，活跃在这个时代上，也正是由于它本身的特点又形成了冷兵器时代的作战特点，限定了整个军事形势，由此而来的一切军事理论都植根于这个平台上，无不根据它而引起变化和发展。因此，一些睿智的军事家都是透过这些作战特点和规律，加以探索总结，产生了自己的一套理论。如《孙子兵法》产生于春秋末期，是孙武对他以前的战争规律和作战形式的总结，形成了一个较为完整的军事思想体系。但由于它产生于春秋末期，难免受到时代的局限。当时，由于骑兵刚刚萌芽，或者说骑兵的作战和战术特点尚未充分展现出来，孙武自然也就未能加以研究和总结。之后，经过吴起、孙膑等人的总结，产生了《吴子》兵法和《孙膑兵法》以及其他兵书，在一定程度上弥补了《孙子兵法》的不足。值此，使中国兵家思想发展到战国时期已经基本成熟。

（3）丰满和适用期

这个时期起于秦代至清代，历时2000余年，是中国兵家思想的充实与适用期。这一时期经历了五个较大的阶段，即东汉以前、三国两晋南北朝、隋唐五代、宋辽金元、明清时期等。中国兵家思想在这一时期得到广泛运用，在运用中又得到进一步发展，使之更加充实和完善。就是说，这一时期，尽管时间较长，但基本的兵种没有变，基本的作战形态也没有变。虽然有一些战略战术发生了这样或那样的变化，也是在原兵种及其作战形态上的进一步科学化、艺术化，是在运用过程中的发展，在发展过程中的完善。

2. 中国兵家思想的特点

中国兵家思想的内容已经涉及到包括战争观和战争方法论、战争指导思想和建军指导思想等一些带有根本性质的问题。具体来说，中国兵家思想有以下几个重要的特征：

（1）中国兵家思想是属于奴隶社会、封建社会的一种意识形态

古代的农业经济和以冷兵器为主的战争实践是其产生的物质基础，同时又受到奴隶主阶级和封建阶级其他意识形态的制约和影响，如古代朴素的唯物论、辩证法哲学思想为它提供了正确的认识论和方法论的基础；相反，唯心论、形而上学的哲学思想则是兵家天命观和片面性认识的来源之一。还有古代的文化、道德、宗教、法律等都程度不同地反映在战争观和治军观上，成为认识战争、制定军法军纪、进行教育训练，乃至举行各种仪式的基本依据。另外，军事思想一经形成，它从军事领域里揭示的一些带有普遍规律性的认识和原则，也对其他领域产生影响，比如兵家思想中提出的朴素唯物论、初步辩证法的思想，也常常是那个时代哲学理论的重要组成部分，许多兵书同样具有哲学价值，甚至被后世哲学家作为哲学著作看待，成为古代哲学思想的重要组成部分。

（2）中国兵家思想带有朴素的性质，没有形成明晰的学科层次

古代人对军事问题的认识较为简单，把一切军事问题统称为“兵法”、“兵通”。宋代以后又产生了“兵学”、“武学”等名称。这些名称，被兵家广泛使用，并成为现代军事科学的前身。我们知道，中国古代并没有“军事思想”这门独立学科，也没有“军事思想”这样一个学科层次。但是我们研究问题应该从事实出发，而不应该从概念出发，古代的兵法、兵学中尽管没有形成明晰的学科层次，但确实存在着从较高层次认识战争与军队问题的内容，并成为兵学的理论基础。也就是说，中国古代属于军事思想的内容都包含在古代的兵书、兵论之中。在中国，古代的兵书是极其丰富的。这些兵书为我们研究兵家思想提供了详实的材料。然而反映兵家思想的，还不仅是这些军事专著，还有其他各种典籍，如儒家经典、诸子散文、历史专著、诗词歌赋、小说传奇、科学论著、笔记杂谈、文集类书、家训遗言等，即人们所说的“言兵者不止兵书”。所以说，这些兵论是对兵书的重要补充，其价值也不容忽视。

（3）中国兵家思想是战争经验的总结

中国兵家思想的一个显著特点，就是具有实践性。就是说，中国古代战争的实践，是中国兵家思想赖以产生和发展的源泉和基础。没有我国古代战争的具体实践，就没有中国兵家思想。我国数千年的古代社会，战争实践是非常丰富的，其中有农民起义战争、统一战争、反侵略战争以及国内各民族、各政治集团之间的战争等等，据《中国军事史》附卷《历代战争年表》统计，自传说时期至1911年，在我国发生的战争、战役多达

3791 次。这些众多的古代战争实践，势必为古人研究军事思想提供了条件。所以，中国兵家思想的产生与发展，是同战争实践分不开的。它一方面从战争中产生，另一方面又用以指导战争，并在战争中求得发展，这样循环往复的过程，使兵家思想得以逐步完善。

3. 研究中国兵家思想的意义

中国兵家思想反映了奴隶制社会、封建制社会统治阶级对战争的认识和态度，也反映了与他们的政治目的相适应的战略战术原则和治军思想。这些军事思想揭示的战争规律是与古代农业经济和以冷兵器为主体装备的古代战争相联系的，它是一定历史条件的产物。这就决定了兵家思想的阶级性和时代性，它是为奴隶主阶级和封建贵族阶级服务的。但是，这并不能认为兵家思想在今天就没有了继承的价值。兵家思想本身是个不断发展的产物，而且它与近现代军事思想有着密切的渊源关系。因此，我们研究兵家思想是有着重要意义的。

（1）有助于丰富和发展军事理论

任何军事理论的研究都是在前人研究成果的基础上发展的，因为无论任何时代的战争都有一个共同的特性，那就是它强制人们必须使自己主观认识与客观实际相一致，才能取得胜利。所以，那些正确反映军事斗争规律的思想，总是为后代继续使用，并不断地加以丰富和发展。中国兵家思想也是这样，其对战争、战争指导、军队建设等方面都有很多可贵的见解，许多认识是极为深刻的，许多观点早已被人们所接受，许多语言极为凝练并成为人们的座右铭。如“不战而屈人之兵”、“兵者国之大事”、“居安思危”、“有备无患”、“知彼知己，百战不殆”、“攻其无备，出其不意”等等，都是至理名言，流传极广，一直为历代兵家所重视。中国老一辈无产阶级革命家对中国兵家思想都素有研究，并深得要旨。例如，毛泽东同志对《孙子兵法》的研究就非常精深，他结合中国革命战争的实际，运用唯物辩证法的立场、观点和方法，汲取《孙子兵法》的精华，根据不同的作战对象和客观条件，采取机动灵活的人民战争战略战术，战胜了一个又一个强大的敌人，取得了一个又一个重大的胜利。

中国兵家思想不仅有助于丰富和发展我国的军事理论，而且也有助于丰富和发展世界军事理论。如美国的《军事战略》、日本的《统帅参考》等书中，都多处把《孙子兵法》上的话作为其重要原则加以运用。著名的德国军事理论家克劳塞维茨在编著《战争论》过程中，也受到《孙子兵法》的不少启迪，继承了其中的一些思想。可见，无论任何时代的军事思想，只要是被战争实践证明是正确的，普遍指导原则是不分古今、没有国界的。

（2）有助于认识和预见战争的发展趋势

研究军事和研究其他事物一样，不了解它的过去、现在，就无法预见未来。所以从历史上纵向认识战争及战争指导的发展是十分必要的。军事与战争同步产生、发展，已经走过了数千年的历程。就兵器而论，经历了石兵器、铜兵器、铁兵器、火兵器等不同阶段；军队的组成由以古代的车兵为主，到以步兵、骑兵为主，再到封建社会后期则出现了独立的火器部队，以至今天的诸军种、兵种的合成军队；战场从平原旷野，扩展到山林险隘、江河湖泊，进而发展到海上、空中；战争形态如果用几何图形模拟的话，它经历了“点”、“线”、“面”、“体”这样一个渐次发展过程，等等。可以说这一系列发展变化都有它固有的逻辑轨迹。军事思想是一切军事活动的高度概括，必然反映出这个发展过程，兵家思想跨度大，覆盖历史长，通过对它的研究势必能够更好地认识军事历史的发展，有助于我们从宏观上预见战争的发展趋势及其规律。

（3）有助于提高方法论水平

战争是敌我双方的生死搏斗。这种无情的战争能够在实践当中验证战争指导者在世界观、方法论上的正确与否。所以，人们历来重视按客观规律办事。军事思想是从流血的教训中总结出来的，兵家思想更是对几千年战争经验的总结，它具有朴素的唯物主义和自觉的辩证法思想，我们可以从中得到战争方法论的启迪。兵家思想认为战争是在一定物质基础上的人的活动，主张从道、天、地、将、法等客观因素着眼，不允许任何脱离实际的思想涉足军事领域，强调研究兵道、兵法，按客观规律指导战争。同时，它还特别重视对战争中各种复杂因素，如彼己、天地、内政、外交、经济等方面进行全面、系统地观察和分析，主张从矛盾因素的对立、联系、转化中预见战争的发展趋势，看到战争的过程是不断发展变化的。因此，指导战争必须适应情况的变化，做到因敌、因地、因时、因势而制胜。这些古代的思想是战争方法论的宝贵经验，正是从这个意义上讲，研究兵家思想有助于提高方法论水平，按客观规律指导战争。

4. 研究中国兵家思想的方法及要求

（1）要用科学的态度看待兵家思想

毛泽东说过，读历史的人不一定是守旧的人，关键是对待文化遗产要有一个科学的态度。中国兵家思想是我国十分宝贵的历史文化遗产，毛泽东说：“中国几千年的文化，是封建时代的文化，但并不全是封建主义的东西，有人民的东西，有反封建的东西。要把封建主义的东西与非封建主义的东西区别开来。封建主义的东西也不全是坏的，也有它发生、发展和灭亡的时期。我们要注意区别发生、发展和灭亡时期的东西……我们不能无批判地加以利用。”毛泽东这段话虽说是就整个文化遗产而言的，但同样适用于对兵家思想的研究。可以说我国兵家思想是宝贵的财富，它的贡献在世界军事科学领域中也是首屈一指的，在几千年的古代社会，我国曾发生了数以千计的各种不同类型的战争，涌现出无数智勇双全的兵家名将，产生了世界上最早的军事理论著作，以及最早发明和在军事上使用了火药、火箭、火炮、火枪……尤其是那些丰富多彩的军事论著，是我国古代战争史的记录和战争经验的总结，从而形成了我国古代特有的军事思想，其中无论是比较系统的理论或是比较深刻的一个观念，对于我们今天仍有重要的价值，特别是对于发展我们今天的军事思想具有得天独厚的条件。

当然，现代社会是一个信息社会，情况发展变化极其迅速，尤其在军事上反应更加敏感，人们都在极力追求把握当前，并力求预测未来的发展变化，这是十分必要的。但是同时，也不可忘记，没有渊博的历史知识做基础的军事头脑和战略战术思想，必然是不够的，其战略决策也是难以靠住的。所以，只有历史才是培养宏观洞察力的最好学校，只有正确地认识兵家思想，才能促进和发展当代的军事思想。

（2）要创造性地继承和发展兵家思想

研究兵家思想是为了回答现实问题，从古代思想中获得某种启示。尽管历史与现实有时会有某种惊人的相似之处，但绝无相同之处，不可能从古人那里获得现成的答案。因此，研究兵家思想必须要有创造性的思维。所谓创造性的继承，就是研究兵家思想中那些合理的内容，深化它的内涵，使知识变活、变新，成为有价值的、能够指导现代和未来的新思想。所谓创造性的发展，是说一定要克服那种信而好古、墨守成规的态度，善于抓住兵家思想中某些能够引人深思的观点，与时代精神相联系，“举一反三”，“温故知新”，达到化平凡为神奇的目的。

（3）要重视对古人思想方法的研究

对战争实践的认识，无不受一定思想方法的制约和影响。同等条件下，认识的正确与否、深刻与否，必然与其背后潜藏着的正确的思想方法有关。兵家思想成果的形成是有其深刻广阔背景的，我们在接收其思想成果的同时，还要深挖思想方法。只有这样，才能掌握兵家思想的精髓，不至于为某些肤浅片面的结论所蒙蔽，才能在前人的认识的基础上进一步发挥和创新。研究兵家思想不是去寻求百战百胜的公式或结论，把其当成一剂特效药，而必须重视对思想方法的认识，才能推陈出新，才能为己所用。

总之，中国兵家思想，既有推动军事发展的精华，又有导致我国军事长期停滞的糟粕。我们在研究它时，要以马克思主义唯物史论为指导，以毛泽东思想为武器，以历史事实为依据，采取实事求是的态度，运用科学的方法，尽可能多地吸取其中对我们有用的精华，把有价值的思想继承下来，并加以发展创造，真正达到古为今用的目的。

图书在版编目（CIP）数据

兵家文化/张海霞，闫燕秋编著. —北京：时事出版社，2015.2

ISBN 978-7-80232-584-5

Ⅰ.①兵… Ⅱ.①张…②闫… Ⅲ.①兵家—通俗读物 Ⅳ.①B229.9-49

中国版本图书馆 CIP 数据核字（2014）第 021644 号

出版发行：时事出版社

地　　址：北京市海淀区万寿寺甲 2 号

邮　　编：100081

发行热线：（010）88547590　88547591

读者服务部：（010）88547595

传　　真：（010）88547592

电子邮箱：shishichubanshe@sina.com

网　　址：www.shishishe.com

印　　刷：北京市昌平百善印刷厂

开本：787×1092　1/16　印张：14.25　字数：175 千字

2015 年 2 月第 1 版　2015 年 2 月第 1 次印刷

定价：33.00 元